W0171449

GOLDMANN
Lesen erleben

Buch

Mit dem eigenen Einkommen auszukommen und sich die Dinge zu leisten, die man haben möchte, wird angesichts steigender Preise und sinkender Löhne immer schwieriger. Die Unternehmensberaterin Hedwig Kellner hat eine für jeden Geldbeutel passende Lösung: intelligentes Geldmanagement! Mit ihren zwölf einfachen Grundregeln kann jeder finanzielle Sicherheit und Wohlstand erreichen. Hier finden Sie erprobte, handfeste Strategien, die im Alltag auch wirklich umgesetzt werden können. Viele Fallbeispiele zeigen auf, wo die Probleme im Umgang mit Geld liegen und wie man sie vermeiden kann. Mit den nachvollziehbaren Praxistipps und Tricks stopfen Sie die Löcher im Sparstrumpf und bauen ein solides Polster für das tägliche Leben sowie zukünftige Ziele auf. Das Erfolgsrezept für ein gut gefülltes Portemonnaie, persönliche Freiheit und Lebensglück!

Autorin

Hedwig Kellner, Jahrgang 1952, ist erfolgreiche Sachbuchautorin, Unternehmensberaterin und Managementtrainerin. In ihren Seminaren vermittelt sie praktische Strategien für Leben und Beruf, insbesondere zu den Themen Selbst- und Konfliktmanagement, sicheres Auftreten und Rhetorik. Sie lebt in der Nähe von Hamburg.

Hedwig Kellner

Die Kunst, mit meinem Geld auszukommen

GOLDMANN

Die Ratschläge in diesem Buch wurden von der Autorin und vom Verlag sorgfältig erwogen und geprüft, dennoch kann eine Garantie nicht übernommen werden. Eine Haftung der Autorin bzw. des Verlags und seiner Beauftragten für Personen-, Sach- und Vermögensschäden ist ausgeschlossen.

Verlagsgruppe Random House FSC-DEU-0100
Das für dieses Buch verwendete FSC®-zertifizierte Papier *Classic 95* liefert Stora Enso, Finnland.

4. Auflage
Vollständige Taschenbuchausgabe Januar 2010
Wilhelm Goldmann Verlag, München,
in der Verlagsgruppe Random House GmbH
© 2006 nymphenburger in der F. A. Herbig
Verlagsbuchhandlung GmbH, München.
Der Titel erschien erstmals 2002 im Königsfurter Verlag.
Im HC unter folgendem Titel erschienen:
Die Kunst, mit meinem Geld auszukommen
Umschlaggestaltung: Uno Werbeagentur, München
Umschlagmotiv: © Fine pic, München
Satz: Buch-Werkstatt GmbH, Bad Aibling
Druck und Bindung: GGP Media GmbH, Pößneck
MV · Herstellung: IH
Printed in Germany
ISBN 978-3-442-17108-8

www.goldmann-verlag.de

Inhalt

Einführung

Liebe Leserin, lieber Leser,

Sie haben zu diesem Buch gegriffen, weil Sie aus Ihrem Geld mehr machen wollen. Gute Idee!

In der Tat geht es hier nicht darum, wie Sie »mehr Geld machen«, sondern wie Sie »mehr aus Ihrem Geld machen«. Das ist ein wichtiger Unterschied.

Ratgeber für Investitionen und Spekulationen gibt es genug. Wenn es Ihnen mit Hilfe dieses Buches gelingt, das notwendige Grundkapital für Ihren Eintritt ins Börsengeschäft zu bilden, dann soll das auch recht sein.

Auch über spirituelle Wege zu Reichtum werden Sie hier nichts lesen. Für mich ist Geld etwas absolut Materielles. Ich persönlich kenne niemanden, der oder die allein durch positives Denken oder sonstige Geisteshaltungen reicher geworden ist. Ich kenne jedoch sehr viele Menschen, die sich auf ganz pragmatische Weise auch bei geringem Einkommen einen verblüffenden Wohlstand geschaffen haben. Ich kenne allerdings auch sehr viele Menschen, denen das Geld trotz hohen Einkommens ganz einfach durch die Finger gerieselt ist.

Und natürlich gibt es in meinem Bekanntenkreis diejenigen, die ein geringes Einkommen haben und deshalb
glauben oder glaubten, es sei gar nicht anders möglich,
als dass sie ständig in Geldsorgen stecken. Ich schlage
dann vor: »Probier es mit Geldmanagement!« Manche
wehren gleich ab: »Das geht nicht, wenn man so wenig
verdient wie ich!« Andere meinen:

»Ich habe keine Lust auf langweiliges Sparen. Ich lebe
jetzt!« Und wieder andere haben es wenigstens mal versucht. Und siehe da: Es funktioniert! Niemand muss ein
graues Sparmausleben führen. Jeder hat das Recht auf
Luxus. Aber gutes Geld, für das man gearbeitet hat, einfach den Bach runtergehen zu lassen, das muss wirklich
nicht sein.

Deshalb ist das Motto dieses Buches eben nicht, »mehr
Geld« zu machen, sondern mehr aus dem Geld zu machen, das einem zur Verfügung steht.

In diesem Buch geht es ganz konkret um die Kernfra-
gen des alltäglichen Geldmanagements:

- Wie gelingt es mir, mit meinem Einkommen auszukommen?
- Wie kann ich mir das leisten, was ich haben möchte?
- Wie schaffe ich die finanzielle Basis für die Ziele, die
ich erreichen will?
- Wie komme ich von Geldsorgen los und gewinne
stattdessen an Lebensfreude?
- Die finanziellen Ziele sind individuell so unterschied-
lich wie die individuellen Lebenswege, die wir alle gehen. Vielleicht möchten Sie sich ab sofort konsequent

einen bestimmten Wohlstand erarbeiten und Ihren Lebensstil heben. Vielleicht brauchen Sie das notwendige Startkapital für ein spezielles Vorhaben. Sie wollen zum Beispiel Ihren Job hinschmeißen und lieber eine Töpferei in der Toskana eröffnen. Es kann auch sein, dass Ihnen Ihre finanziellen Verbindlichkeiten auf die Nerven gehen. Sie wollen sich von Schulden, Dispositionskredit oder ständigen Gedanken, ob das Geld noch reicht, befreien.

Was immer Sie vorhaben: Tun Sie den ersten Schritt ins kluge Geldmanagement! Und Sie werden sehen: Es funktioniert!

In verschiedenen Umfragen wird immer wieder ermittelt, was Menschen sich unter Glück vorstellen, wovon sie träumen, was sie anstreben. Je nach Fragestellung unterscheiden sich die Ergebnisse graduell. Aber eine Rangordnung ergibt sich immer wieder:

An erster Stelle wünschen wir uns Liebe und Geborgenheit in harmonischer Partnerschaft und Familie. An zweiter Stelle liegt uns die Gesundheit am Herzen. An dritter folgt bereits der Wunsch nach finanzieller Unabhängigkeit. Danach variieren die Rangordnungen je nach befragter Altersgruppe oder Art der Fragestellung. Auf jeden Fall folgen immer auch Wünsche wie:

- die Freiheit, zu tun, was man will,
- aussteigen aus dem Alltag und etwas Neues anfangen,
- reisen können und die Welt erleben.

Wenn Sie bedenken, dass Eheberater immer wieder die Erfahrung machen, dass mehr Beziehungen an Geldproblemen als an allen anderen Problemen scheitern, dann ist klar: Gutes Geldmanagement dient auch der Partnerschaft. Wer Geld hat, kann mehr für Fitness und die Gesundheit ausgeben. Dass Freiheit, Neustart und Reisen Geld kosten, ist offensichtlich. Stimmt, Geld ist nicht alles, aber für vieles die notwendige Voraussetzung.

Wer nicht genug Geld hat oder die Kunst des Geldmanagements noch nicht ausreichend beherrscht, muss sich unweigerlich immer wieder sorgenvolle Gedanken um das Geld machen, muss sich Wünsche versagen und fühlt sich unfrei.

Erfolgreiches Geldmanagement ist ein ganz wichtiger Aspekt des Lebensmanagements. Sie gehen arbeiten, um Ihren Lebensunterhalt zu verdienen. Ihr persönlicher Lebensstil ist an Ihre finanziellen Möglichkeiten gekoppelt. Sie leisten sich gerne auch immer wieder ein wenig Luxus, um Ihre Lebenslust zu steigern. Sie können einige Ihrer Lebensziele nur dann erreichen, wenn Sie dafür die notwendige finanzielle Basis schaffen. Ihr Selbstwertgefühl steigt, wenn Sie Ihr Geldmanagement optimal in den Griff bekommen.

Erfolgreiches Geldmanagement ist keine Geheimwissenschaft. Im Grunde basiert es auf Regeln, die schon den Generationen vor uns bekannt waren. Auch wenn sich heute unsere Einstellung zum Umgang mit Geld im Vergleich zu der früherer Generationen geändert hat, so sind ganz bestimmte Grundregeln immer noch gültig. Wichtig für uns Menschen der heutigen Zeit ist die Frage, wie wir diese Regeln im täglichen Leben anwenden können. Dabei soll dieses Buch Ihnen helfen.

Ich habe angefangen, mich mit diesem Thema zu beschäftigen, weil ich früher selbst kein gutes Geldmanagement hatte. Ich habe zwar ganz normal verdient, lebte aber oft mit dem Frust, mir nicht das leisten zu können, was ich gerne gehabt hätte. Irgendwann wurde mir dreierlei bewusst:

1. Es schmälert meine Lebenslust, mir immer wieder aus finanziellen Gründen Wünsche versagen zu müssen.
2. Ich möchte nicht auf Dauer in Abhängigkeit von mehr oder weniger netten Chefs leben.
3. Andere haben mit einem Einkommen, das meinem vergleichbar ist, ein viel besseres Auskommen.

Diese drei Erkenntnisse waren für mich Auslöser für folgende Entschlüsse:
1. Ich will herausfinden, wie ich aus dem Einkommen, das ich habe, mehr machen kann.
2. Ich will finanziell unabhängig sein, um ein Leben nach meinem Geschmack zu führen.
3. Ich will mir endlich die Wünsche erfüllen, die so lange scheinbar jenseits meines Geldbeutels lagen.

Ich habe herausgefunden, dass es klappt. Man muss einfach nichts anderes tun, als sich an die Regeln halten, die im Umgang mit Geld schon immer gegolten haben.

Ich habe herausgefunden, dass erfolgreiches Geldmanagement nicht nur Wohlstand schafft, es macht auch Spaß und hebt das Selbstbewusstsein. Probieren Sie es aus!

Anmerkung: Die Namen der in diesem Buch genannten Personen sind von der Redaktion geändert.

Geldmanagement gehört zu Ihrem Lebensmanagement

Über Geld spricht man nicht?

Sie kennen sicherlich auch die Regel: »Über Geld spricht man nicht. Geld hat man.« Es gilt in unserer Gesellschaft als unfein, über Geld zu reden. Selbst in den nachmittäglichen Talkshows im Fernsehen werden lieber die absurdesten und peinlichsten Sexthemen breitgetreten, als dass man offen über Geld reden würde.

Geht es Ihnen auch so wie vielen Mitarbeitern, die einen wahren Horror vor Gehaltsgesprächen mit dem Chef haben? Dabei ist es ganz einfach: Sie bieten Ihrem Chef Ihre Arbeitsleistung an, und er zahlt dafür mit einem angemessenen Gehalt. Was als angemessen gilt, wird im Gehaltsgespräch verhandelt. Doch so einfach ist es nicht. Hinter der Frage nach dem Gehalt steht die Frage nach der Wertschätzung, die Ihr Chef Ihrer Leistung und Ihnen entgegenbringt. Schon geht es nicht mehr um ein sachliches Thema, sondern um Selbstwertgefühl.

Geht es Ihnen auch so wie vielen Menschen, die nicht gerne nachfragen mögen, wenn sie jemandem Geld geliehen oder etwas ausgelegt haben?

Mir ist es einmal mit einer Kollegin so gegangen. Ich kam jeden Morgen auf dem Weg zur Arbeit beim Bäcker vorbei und habe mir immer ein belegtes Brötchen mitgebracht. Eines Tages sprach mich die Kollegin an, ob ich wohl so nett wäre, ihr auch eines mitzubringen. Ja, klar. Über eine Woche sagte sie jeden Morgen Danke, wenn ich ihr die Tüte auf den Schreibtisch legte. Nicht einmal fragte sie: »Was schulde ich dir?« Ich mochte nicht fragen: »Was ist eigentlich mit dem Bezahlen?« Erst in der zweiten Woche machte ich Bemerkungen wie: »Die Wurstbrötchen kosten mehr als die mit Käse.« »Mein Portemonnaie ist so schwer. Der Bäcker hat mir das ganze Wechselgeld in Münzen gegeben.« Ich hoffte, durch solche Winke mit dem Zaunpfahl die Kollegin auf die Idee zu bringen, mir endlich das Geld zu geben. Nein, sie merkte scheinbar nichts. Als ich mir am Monatsende ein Herz fasste und die Kollegin fragte, wann sie mir das ausgelegte Geld erstatten wolle, da tat sie völlig überrascht. Vielleicht hat sie wirklich nicht daran gedacht, dass die Brötchen etwas kosteten. Vielleicht hat sie auch gehofft, noch länger »auf lau« frühstücken zu können. Auf jeden Fall spielte sie bei der Summe, die ich ihr nannte, die Entsetzte: »So teuer? Wenn ich das gewusst hätte, hätte ich die nie genommen!« Obwohl mein Verstand mir sagte, dass die Kollegin schon nach dem ersten Mal den Preis gekannt hätte, wenn sie sofort bezahlt hätte, schämte ich mich. Irgendwie war es mir peinlich, bei ihr die volle Summe, die ich ausgelegt hatte, einzufordern.

Mögen Sie Ihre Cousine erinnern: »Du schuldest mir

noch zwanzig Euro für deinen Anteil an Großmutters Geburtstagsblumen.« Mögen Sie der Nachbarin nach ihrem Urlaub sagen: »Ich musste mit Ihrer Katze zum Tierarzt. Das hat fünfzehn Euro für die Medikamente und noch mal zehn für das Taxi gekostet.« Hoffen Sie nicht auch, dass die anderen von selbst darauf kommen, sich nach Ihren Auslagen zu erkundigen? Haben Sie nicht auch schon öfter stillschweigend kleine Beträge für andere übernommen, weil Sie einfach nicht so »kleinlich« sein und nach dem Geld fragen mochten?

Geld ist ein Tabuthema. Oft wird sogar sehr negativ über Geld, über das Streben nach Geld und über Wohlhabende gesprochen. Vom »schnöden Mammon« ist die Rede. Oder es heißt, »Geld verdirbt den Charakter«. Abfällig wird über »Neureiche« hergezogen. »Geld macht nicht glücklich.« Dieser Spruch wird meist mit einem hämischen Nebenklang versehen, wenn es um Missgeschicke und Krisen der Reichen geht.

Mark Twain hat einmal gesagt: »Ich kenne viele Menschen, die das Geld verachten. Aber ich kenne nur wenige, die darauf verzichten, wenn sie die Chance haben, es zu bekommen.«

Der Erfolg von Lotto, Glücksspielen und reißerischen Büchern zum Thema »Wie werde ich Millionär?« sprechen eine deutliche Sprache: Auch wenn es als ordinär gilt, über Geld zu reden, es ist ein wichtiges Thema. Wir denken über Geld nach. Wir verplanen Geld, wir denken sehnsuchtsvoll an Dinge, die wir uns gerne leisten würden, wir machen uns Gedanken um unsere materielle Absicherung. Wir versuchen auch immer wieder, die finanzielle Situation anderer einzuschätzen und gleichzeitig vor anderen einen bestimmten finanziellen Status zu verkörpern. Jemand hat mal gesagt: »Viele Leute machen Schulden, um sich Sachen zu kaufen, die sie nicht brauchen, um damit Leuten zu imponieren, die sie nicht leiden können.« Das ist zwar extrem ausgedrückt, aber es ist etwas dran.

Geld ist ein wichtiges Thema in unserem Leben. Dass Sie dieses Buch lesen, zeugt davon, dass Sie sich dieses wichtigen Themas bewusst annehmen wollen. Gut! Vergessen Sie alles über »schnöden Mammon« oder ähnliche Diffamierungen. Geld gehört zu unserem Leben. Zu wenig Geld schmälert die Lebensfreude. Genug Geld er-

PRAXIS-TIPPS

❏ Überwinden Sie zunächst Ihre eigenen Tabus zum Thema Geld. Nehmen Sie sich vor, nie wieder abfällig über den angeblich »schnöden Mammon« zu sprechen. Denken Sie nie wieder negativ über das Streben nach Geld. Betrachten Sie Geld als etwas Positives. Schreiben Sie sich Merksätze wie die folgenden auf einen Zettel, und machen Sie sie zu Ihren Leitsätzen:
Ich liebe mein Geld.
Ich gehe sorgsam damit um.
Ich verplane und benutze es zur Bereicherung meines Lebens.

❏ Da Geld nun einmal ein heikles Thema in unserer Gesellschaft ist, sollten Sie diesem Tabu Rechnung tragen. Es ist für Ihr Vorhaben, Ihr Geldmanagement zu optimieren, ratsam, wenn Sie noch nicht darüber reden. Erzählen Sie es weder Ihrer besten Freundin noch Ihrem Schwager oder sonst wem. Sie würden womöglich demotivierende Kommentare hören wie: »Das ist doch Unsinn. So was klappt nie.« Oder Sie würden sich schulmeisterliche Ratschläge anhören müssen wie: »Das Sparen lohnt doch nicht. Leiste dir lieber was.« »Du musst das Geld in Aktien anlegen.« »Nimm doch das Geld nicht so wichtig!« Lassen Sie es lieber. Fangen Sie einfach mit Hilfe dieses Buches an, Ihr Geldmanagement besser als je zuvor in den Griff zu bekommen. Irgendwann werden Ihre Freunde Sie bewundernd fragen: »Wie machst du das nur, dass du dir so etwas leisten kannst?« Dann können Sie immer noch das Geheimnis Ihres gestiegenen Wohlstands lüften.

möglicht Lebensfreude. Zu viel Geld gibt es in meinen Augen gar nicht.

Sie werden mit Hilfe dieses Buches die Kunst des Geldmanagements kennen lernen und einüben. Sie werden mit Ihrem Geld besser als bisher auskommen. Sie werden Ihre finanziellen Ziele erreichen. Sie werden Ihr Leben dadurch bereichern!

Wir erben auch unser Geldverhalten

Wer Glück hat, erbt von den Eltern oder der Patentante Geld, Immobilien oder andere Werte. Aber das sei hier nur am Rande erwähnt. Viel wichtiger ist die Tatsache, dass wir die Art unseres Umgangs mit Geld ebenfalls »erben«. Was wir uns als Kinder bei den Eltern abgeschaut haben, beeinflusst dauerhaft das eigene Geldverhalten.

Meine Freundin Kirsten ist mit einem Architekten verheiratet. Robert ist ein herzensguter Mensch mit hohen fachlichen Qualifikationen. Leider kann er sich überhaupt nicht durchsetzen. Er wird von allen seinen Arbeitgebern grundsätzlich als Erster gefeuert, wenn die Aufträge ausbleiben. Seit ich ihn kenne, kämpft er regelmäßig alle zwei bis maximal drei Jahre um eine neue Stelle. Jedes Mal wird es schwerer für ihn, in seinem Alter wieder einen Job zu bekommen. Kirsten hat als chronisch Kranke überhaupt keine Chance, für den Lebensunterhalt zu sorgen. Nun ist es so, dass Kirsten und Robert noch auf Jahre ihre Eigentumswohnung abbezahlen müssen. Da sie in einer Jugendstilvilla leben, kommen nach jeder Eigentümerversammlung irgendwelche ungeplanten Kosten auf sie zu. In einem Jahr werden die Balkone saniert, im nächsten müssen die Keller isoliert werden, im folgenden Jahr ist das Dach fällig. Man sollte meinen, dass Kirsten jeden Cent dreimal umdreht, bevor sie ihn ausgibt. Nein. Sparen ist für sie der Inbegriff von Spießigkeit. Ihre Eltern haben damals eisern gespart, um ein Häuschen bauen zu können. Sparen und der Mief der fünfziger Jahre gehören für Kirsten zusammen. Wann immer Robert gerade mal wieder einen Job hat, geht Kirsten shoppen. Sie besitzt mehrere Lederjacken und Mäntel, die angeblich alle für unterschiedliche Kältegrade notwendig sind. Sie kauft Lebensmittel in so reichlichen Mengen, dass immer wieder Vergammeltes in den Müll wandert. Sie bucht nach jeder Neueinstellung von Robert als Erstes einen Urlaub. Dafür wird gerne Kredit aufgenommen. Man fährt nämlich nicht nach Mallorca, sondern nach Australien oder Mauritius. Unweigerlich erhalte ich irgendwann den Anruf einer Verzweifelten. Robert ist wieder entlassen worden. Panik! Wenn er nicht bald eine neue Stelle hat, werden sie die Raten für die Wohnung nicht bezahlen können! Sobald Robert wieder Arbeit hat und ich ein anderes Geldmanagement vorschlage, reagiert Kirsten voller Spott: »Ich will nicht knausern. Ich lebe jetzt! Du redest wie mein Vater! Der war auch so ein spießiger Sparer!«

Ich selbst habe seit meiner Kindheit einen Merkspruch meines Großvaters in den Ohren: »Man muss immer so viel Geld bei sich haben, dass man mit dem Zug nach Hause fahren kann.« Mein Großvater war Bauer und pflegte seine Fahrten zum Osnabrücker Markt mit der Pferdekutsche oder dem Fahrrad zu bewältigen. Als ich geboren wurde, lebte er schon gar nicht mehr. Dennoch hat mich der Spruch immer begleitet. Ich weiß auch, dass er immer einen Geldschein als »Notgeld« hinter den Zigarren im Lederetui hatte. Dieser Schein wurde niemals ausgegeben. Diesem Beispiel folge ich bis heute. Mir könnte nicht passieren, was meiner Freundin Helga passiert ist. Sie stand mit einer Autopanne an der Landstraße und hatte nicht einmal genug Geld dabei, um den Wagen zur nächsten Werkstatt abschleppen zu lassen. Auch die Tatsache, dass ich heute meine Kreditkarte bei mir trage, ändert nichts an meiner Gewohnheit, immer »Notgeld« dabeizuhaben. Ein Schein steckt in der Brieftasche im Fach für Ausweis und Führerschein. Einen Schein habe ich im Terminplaner hinter den Notizzetteln versteckt. In jeder meiner Handtaschen liegt ein Ledermäppchen mit einem größeren Schein und einigen Münzen für Toilettentüren, Parkuhren und dergleichen.

Mein Exmann war von der Lebensweisheit seines Vaters beseelt: »Man muss möglichst viele Schulden haben, dann zahlt man weniger Steuern.« Klemens hatte eine derartige Finanzamtsphobie, dass er in der Tat ohne Schulden nicht sein konnte. Er treibt bis heute seine neue Ehefrau in die Verzweiflung, weil er alle paar Jahre dringend ein größeres Haus kaufen muss, um nur ja niemals schuldenfrei dazustehen. Ich erinnere mich an Besuche bei seinen Eltern. Der Name des Finanzministers war ständig präsent. Endlos konnten Klemens und sein Vater darüber diskutieren, wie man Steuern sparen könnte. Selbst wenn wir im Imbiss eine Wurst aßen, brauchte Klemens die Quittung für seine Steuererklärung.

Bei meiner Schwägerin fliegt das Geld irgendwie in der Wohnung herum. Weder sie noch ihr Mann besitzen Portemonnaies. Scheine werden als Bündel in die

Hosentaschen geklemmt. Münzen liegen auf den Fensterbänken, im Regal, neben der Spüle oder in den Ritzen der Polstermöbel. Manal und ihr Mann führen in Boston ein Restaurant. Wenn sie Geld brauchen, greifen sie halt in die Kasse und nehmen sich was raus. Sie haben keine blasse Ahnung, wie viel sie genau einnehmen oder ausgeben. Sie wissen auch nicht, ob das Personal korrekt abrechnet. Sie kämen auch nicht auf die Idee, auf dem Großmarkt Preise zu vergleichen. Sie kaufen, was sie für die Küche brauchen, und fertig. Das Restaurant läuft ganz wunderbar. Deshalb ist auch immer genug Geld da. Die jährliche Steuererklärung produziert natürlich ein heilloses Chaos. Im ganzen Haus werden Rechnungen und Quittungen gesucht. Da sich die Geldströme letztlich nicht rekonstruieren lassen, werden ihre Einnahmen und Gewinne geschätzt. Dadurch zahlen sie sehr viel mehr Steuern als nötig. Na und? Manals Motto ist: »Das letzte Hemd hat keine Taschen.« Demnach ist es ihr völlig egal, wie viel sie wofür bezahlt und wo das Geld eigentlich bleibt. Hauptsache, sie weiß immer, wo sie neues hernehmen kann. Ihr kleiner Sohn allerdings macht es jetzt schon ganz anders. Er hebt sein Taschengeld in leeren Marmeladengläsern auf. Wenn ein Glas voll ist, wird es ordentlich mit laufender Nummer und Betrag beschriftet. Danach verschwindet es in seinem Schrank. In einem Schulheft notiert er pedantisch, welche Reichtümer er bereits angehäuft hat. Er weiß auch schon, was er damit vorhat. Er will später eine Autowerkstatt gründen. Dass sich seine Buchhaltung von der seiner Eltern unterscheiden wird, dürfte bei dem Knirps jetzt schon klar sein.

Mein zweiter Mann stammt aus einer armen Familie in Jordanien. Er hat als ältester Sohn noch erlebt, wie die Mutter monatelang Geld beiseitegelegt hat. Sie wollte unbedingt vor dem ersten Winter im neuen Haus eine echte Tür kaufen können. Das neue »Haus« war eine selbst gebaute Bude aus rohen Steinen mit einer Feuerstelle im einzigen Raum. Im Laufe der Jahre kamen durch Anbauten weitere Zimmer hinzu. Die Armut der Kindheit hat meinen Mann geprägt. Er legt seit seinem ersten Gehalt immer einen Betrag beiseite und schafft grundsätzlich nur dann etwas an, wenn er es sofort komplett bezahlen kann. Heute hat er einen vergleichsweise sicheren Job in einem internationalen Konzern. Wir leben im eigenen Haus und genießen das Leben ohne Geldsorgen. Dennoch legt mein Mann nach wie vor Geld beiseite. Er kann nicht verstehen, dass jemand ein Auto auf Kredit kauft oder sogar für einen Urlaub das Konto überzieht. Es schüttelt ihn bei dieser Vorstellung.

Wie wir mit unserem Geld umgehen, welche Einstellung wir zum Sparen oder zu Schulden haben, hängt sehr eng mit unserer Kindheit zusammen. Manche von uns handeln so, wie es ihnen die Eltern vorgelebt haben. Andere tun genau das Gegenteil.

Eltern wird geraten, ihren Kindern auch eine »Gelderziehung« zukommen zu lassen. Kinder brauchen Taschengeld. Sie müssen lernen, sich Beträge über einen bestimmten Zeitraum einzuteilen. Sie müssen lernen, für teure Ziele wie einen neuen PC oder Ähnliches zu sparen. Und sie müssen auch lernen, dass man sich keinen neuen PC leisten kann, wenn man vorher alles Geld für Süßigkeiten oder Markenturnschuhe ausgegeben hat.

In manchen Familien lernen Kinder leider ein falsches Geldverhalten. Sie bekommen zu allen möglichen Zeiten mal vom Vater, mal von der Mutter, mal von der Oma Geld zugesteckt. Wenn sie pleite sind, betteln sie die Tante oder jemand anderen aus der Familie an. Solche Kinder lernen nicht, wie man sich das Geld einteilt, das man hat. Sie lernen eine Mentalität, die von der Frage geleitet ist: »Wo kann ich noch was bekommen?« Wenn das Geld ausgegeben ist, geht es wieder los: »Wer könnte mir noch was geben?« Wie sollen solche Kinder später mit einem regelmäßigen festen Einkommen zurechtkommen?

Meine Freundin Monika hat diese falsche Mentalität. Sie verdient als Chefsekretärin sehr gut. Sie hat mehr als andere, die eine ganze Familie ernähren müssen. Dennoch ist Monika ständig von Geldnöten geplagt. Sie nimmt ihren Dispositionskredit in Anspruch, um Kleider zu kaufen. Dann fällt ihr auf, dass beim Dispo schrecklich hohe Zinsen fällig sind. Also geht sie zur Bank und wandelt ihn in einen normalen Kredit um. Da sie nun schon mal einen Kredit verhandelt, lässt sie sich gleich etwas mehr geben. Sie will schließlich ihre Küche renovieren. Gleichwohl ist bereits im nächsten Monat der Dispo wieder voll ausgeschöpft. Ihr Auto war kaputt. Wegen der Anschaffung eines neuen Autos will sie mit der Personalchefin reden. Die gibt ihr bestimmt einen Vorschuss. Außerdem liegt ihre Großtante seit Wochen wie im Koma. Wenn die stirbt, bekommt Monika wahrscheinlich deren Haus. Ob die Bank ihr schon mal im Vorgriff einen größeren Kredit gibt und dafür das Haus der Tante als Sicherheit anerkennt?

Monika hat es nie gelernt, ganz einfach ihr Einkommen unter dem Blickwinkel zu betrachten: »Das ist das Geld für diesen Monat. Damit muss ich bis zur nächsten Gehaltszahlung auskommen. Wie teile ich mir das nun ein?« Sie hat die Einstellung: »Oh, mein Geld reicht nicht! Wo kann ich neues auftun?« Das liegt vermutlich an ihrer Kindheit. Ihre Eltern waren geschieden und haben beide rivalisierend um die Liebe ihrer Tochter gekämpft. Die Großeltern väterlicherseits hatten Angst, durch die Scheidung den Kontakt zur Enkelin zu verlieren. Als die Mutter wieder heiratete, überhäufte der Stiefvater das kleine Mädchen mit Geld und Geschenken. Monika hat es ganz einfach gelernt, dass alle ihre Wünsche sofort befriedigt werden und sie bei Geldbedarf reihum die diversen Sponsoren abklappern kann. Dass sie heute mit einem festen Gehalt innerhalb eines festen Zeitrahmens auskommen muss, ist für sie undenkbar.

Man kann über die Art des Umgangs mit Geld geteilter Meinung sein. Die Art von Monika ist auf jeden Fall falsch. Seit ich sie kenne, sinkt sie tiefer in Schulden. Sie steckt darin wie in einem Moor. Es zieht sie immer tiefer rein. Aber sie merkt es noch nicht. Das ist die größte Gefahr.

PRAXIS-TIPPS

❏ Nehmen Sie sich ein paar Tage Zeit, einmal zu reflektieren, welches Geldverhalten Sie geerbt oder abgeschaut haben:
- Wie sind Ihre Eltern mit Geld umgegangen?
- Wofür haben sie gerne ausgegeben?
- An welchen Stellen haben sie gespart?
- Was hat Geld in Ihrem Elternhaus bedeutet?
- Wie haben Ihre Eltern das Geldverhalten anderer kommentiert?
- Wie wurden Sie durch Taschengeld im Umgang mit Geld fit gemacht?

❏ Vergleichen Sie das Geldverhalten Ihrer Eltern mit Ihrem eigenen:
- Was haben Sie übernommen? Warum?
- An welchen Stellen wollen Sie es anders machen als Ihre Eltern? Warum?
- Wie sehen Ihre Eltern heute Ihren Umgang mit Geld?

Spielen Sie gerne ein wenig die Psychologin oder den Psychologen. Versuchen Sie Gründe für bestimmtes Geldverhalten zu finden. Haben Ihre Eltern sehr gespart, weil sie Angst vor sozialem Abstieg hatten, oder haben sie gerne in Luxus investiert, um anderen zu beweisen, was sie sich leisten können? Haben Sie bestimmte Ängste oder Vorlieben Ihrer Eltern übernommen, die sich heute auf Ihr Geldverhalten auswirken?

Geldsouveränität ist Lebenssouveränität

Erinnern Sie sich an Ihr erstes eigenes Geld? Wissen Sie noch, wie es war, als Sie die Münzen in den Händen hielten und ganz allein entscheiden konnten, ob Sie sich Schokolade oder Eis, ein Mickymaus-Heft oder Brausepulver kaufen? Das war ganz sicher nicht das Gleiche wie die Frage der Mutter: »Was soll ich dir kaufen?« Es selbst zu tun, mit dem eigenen Geld, das war das Glück der Entscheidungsfreiheit.

Vielleicht haben Sie vergessen, was Sie mit Ihrem ersten Taschengeld gemacht haben. Aber an das erste selbst verdiente Geld erinnern Sie sich doch bestimmt? Bei mir waren es die Einnahmen für Nachhilfestunden. Ich habe als Vierzehnjährige jüngeren Mitschülern in Mathematik geholfen und pro Stunde eine Mark bekommen. Von dem Geld kaufte ich mir endlich eine modische Brille und gegen den Willen meiner Mutter eine »Nietenhose«. Da ist mir zum ersten Mal der Zusammenhang zwischen eigenem Geld und selbstbestimmtem Leben klar geworden. Meinen Eltern war aus pädagogischen Gründen auch wichtig, dass ich den Zusammenhang zwischen der eigenen Leistung und dem Sich-leisten-Können begriff. Ich hatte nämlich überhaupt keine Lust, meine Freizeit mit Nachhilfestunden zu verbringen. Aber ich war scharf auf die Brille und die Hose.

Schon damals war mir klar: Niemals werde ich auf eigenes Geld verzichten. Niemals! Nie würde ich dem Beispiel meiner älteren Cousine folgen, die einen reichen

Mann geheiratet hatte. Sie bekam zur Hochzeit einen weißen Mercedes-Sportwagen geschenkt. Wie eine Filmdiva fuhr sie damit herum. Alle Freundinnen beneideten sie um ihren Luxus. Es war ja nicht nur der Wagen. Pelzmäntel, Schmuck und Reisen in den sonnigen Süden kamen hinzu. Niemand verstand Irma, als sie nach wenigen Jahren die Scheidung einreichte. Der Mann war immer großzügig zu ihr gewesen und hatte ihr jeden Wunsch erfüllt. Sie brauchte bloß zu sagen, was sie wollte, er kaufte es ihr. Aber eines gab er ihr nicht: eigenes Geld. In der Kleinstadt war sie ausreichend bekannt, so dass sie problemlos ins Café gehen und anschreiben lassen konnte. Selbst in den Kleidergeschäften musste sie nicht bezahlen. Die Rechnungen wurden nach Hause geschickt. Ihr Mann machte nie Theater, dass sie zu viel ausgegeben hätte. Wahrscheinlich war er stolz darauf, es in der Wirtschaftswunderzeit so weit gebracht zu haben, seiner Frau jeden Wunsch erfüllen zu können. Aber eigenes Geld hatte sie nicht. Sie konnte sich nicht einmal einen Schokoriegel kaufen, ohne dass die Rechnung bei ihrem Mann auf dem Tisch landete. Die Haushälterin hingegen bekam Bargeld. Sie musste zwar wöchentlich bei ihrem Arbeitgeber das Haushaltsbuch vorzeigen, konnte jedoch immer mal ein wenig manipulieren und sich so kleine Nebeneinkünfte sichern. Selbst das war meiner »Luxus-Cousine« verwehrt. In ihrer Sehnsucht nach eigenem Geld machte sie es schließlich so: Sie kaufte auf Rechnung an den Gatten teure Kleider, trug die Sachen einige Male und brachte sie dann in den Secondhandshop. Irgendwann war ihr das zu dumm. Sie reichte die Scheidung ein und führt seither selbst einen Laden. Ihr Mann weiß bis heute nicht, warum er geschieden ist. Er hat seine Frau immer geliebt und ihr doch alles gegeben, was sie wollte!

Mein Kollege erzählte mir von einem Wochenendausflug mit seinen Eltern. Er hatte am Abend die Eltern zum Essen einladen wollen. Keine Chance! Der Vater ließ es einfach nicht zu. Er wollte unbedingt bezahlen. Unter vier Augen hat die Mutter ihrem Sohn klarzumachen versucht, dass es dem Vater einfach unerträglich ist, vom Sohn das Essen bezahlt zu bekommen. Es käme einer Entmündigung oder Entmachtung gleich. Ganz egal, dass der Sohn längst mehr verdient als der Vater. Ganz egal, dass der Vater allen seinen Kindern die Ausbildungen finanziert hat, die ihnen heute die guten Einkommen sichern. Vater zahlt und damit basta.

In der arabischen Heimat meines Mannes ist es selbstverständlich, dass alle Einkünfte der Großfamilie in einen Topf wandern. Es ist für meinen Schwiegervater undenkbar, dass seine Söhne oder gar Töchter eigene Konten besitzen. Alles Geld fließt auf sein Konto, und er ist der großmütige Patriarch, der für alle seine Kinder und Kindeskinder sorgt. Er kauft die Autos oder mietet die Wohnungen an. Bei ihm holt man sich Geld für die Haushaltsführung. Keine Frage, materiell geht es allen gut. Dafür sind sie jedoch zu unbedingtem Gehorsam verpflichtet. Wenn Großvater nicht will, darf Enkel Ahmed nicht Maschinenbau studieren. Er muss Arzt wer-

den. Yussef wird Maschinenbauer und Soraya Zahntech-
nikerin, sagt Vater. Die Angehörigen können versuchen,
Schwiegermutter auf ihre Seite zu bringen. Der gelingt
es oft, dem Ehemann eine Entscheidung nach Wunsch
abzuschmeicheln. Aber dennoch: Souveräne Entscheidungen über das eigene Leben können die Brüder meines Mannes nicht treffen. Vater hat das Geld, Vater sagt,
was gemacht wird.

Zwei Freunde von uns, Norbert und Dietmar, wollten sich mit einem Feinschmeckerlokal selbstständig
machen. Dietmar besaß das Vermögen, Norbert war der
Profi-Gastronom. Es hätte wunderbar laufen können.
Mit notarieller Hilfe hatten sie genau festgelegt, wie das
Kapital der einen Seite mit der Arbeitsleistung der anderen Seite verrechnet werden sollte. Aber leider spielte es schon bei der kleinsten Meinungsverschiedenheit
eine Rolle, woher das Geld kam. Dietmar bestand auf
der Durchsetzung seiner Meinung mit dem immer gleichen Argument: »Schließlich steckt mein Geld in dem
Geschäft.« Norbert hielt stets dagegen: »Du willst dein
Geld als Machtmittel gegen mich ausspielen. Meine Arbeit hat mindestens den gleichen Wert.« Irgendwann
ging es einfach nicht mehr weiter mit den beiden. Sie
trennten sich als Geschäftspartner und als Freunde.

Als Hilde und Hartmut heirateten, gab Hilde sofort ihr
eigenes Konto auf: »Ich schmeiß doch der Bank nicht
die hohen Gebühren in den Rachen!« Da man sich so
heiß und innig liebte und alles miteinander teilen wollte, reichte ja wohl ein Konto, auf das ab sofort beide

Gehälter flossen. Wir Freundinnen waren bereits misstrauisch, weil es wieder einmal die Frau war, die ihre Bankverbindung aufgab und ihr Geld auf das Konto des Mannes laufen ließ. Hartmut hätte ebenso seinen Arbeitgeber informieren können: »Mein Gehalt geht bitte ab sofort auf das Konto meiner Frau. Wir führen das jetzt gemeinsam.« Das hätte Hartmut nie gemacht. Auch Hilde wäre nie auf die Idee gekommen, ihrem Mann das anzutun. »Das ist doch völlig egal!«, wehrte sie unsere Warnungen ab. Dass es nicht egal war, merkte sie drei Jahre später. Sie hat nie einfach Geld vom gemeinsamen Konto genommen und ohne Rücksprache für sich verbraucht. Für Hartmut war es selbstverständlich, das gemeinsame Konto weiterhin als »sein« Konto zu betrachten. Als er sechstausend Euro abhob, um seinem windigen Bruder bei der Begleichung von Spielschulden zu helfen, war Hilde schon ein wenig erbost, zumal deshalb sogar der Urlaub ausfallen musste. Als sie dann auch noch feststellte, dass sie beim Tanken nicht mehr mit der plötzlich gesperrten Kreditkarte zahlen konnte, war ihre Geduld am Ende. Hartmut hatte auf Anraten eines zweifelhaften Finanzberaters Schulden gemacht und Aktien gekauft, die anschließend drastisch in den Keller gingen. Inzwischen hat sie sich von ihm getrennt. An seinen Schulden zahlt sie wohl noch länger ab, Hartmut hat ja nichts.

Geld ist ein Machtfaktor. Wer über das Geld verfügt, trifft auch die Entscheidungen. Wer von den finanziellen Zuwendungen anderer abhängt, ist auch in anderen Fragen des Lebens abhängig.

PRAXIS-TIPPS

❏ Sorgen Sie für Ihre Geldsouveränität. Wenn Sie mit
einem Partner zusammenleben, dann seien Sie nicht
zu sparsam, sich zwei getrennte Konten zu leisten.
Mein Mann und ich haben es wie folgt geregelt: Wir
haben beide unser eigenes Geld. Da er die Kosten
für Wohnen und Leben trägt, zahle ich ihm regelmäßig anteilig Haushaltsgeld. Wenn ich etwas für uns
einkaufe, rechne ich mit ihm ab. So gibt es niemals
Streit ums Geld. Ich muss ihm nicht erklären, wieso ich mir zwei Wochen Urlaub mit meiner Freundin
auf Lanzarote leiste. Dafür zittere ich auch nicht mit,
wenn er wieder mal an der Börse spekuliert.
Bei meiner Freundin Elke ist die Regelung wie folgt:
Ihr Mann verdient das Geld, sie ist Hausfrau. Sie haben ein gemeinsames Konto für seine Gehaltsein-
gänge und die gemeinsame Haushaltsführung. Jeden Monat fließen gleiche Beträge auf jeweils eigene
Sparkonten. Was Elke mit ihrem Geld macht, kümmert Siegbert nicht und umgekehrt. Auch die beiden
kennen keine Auseinandersetzungen über unnötig
gekaufte Pullover oder zu teure Fußballkarten oder
was sonst noch Diskussionsstoff bei Paaren mit nur
einem Geldbeutel sein kann.

Geld macht glücklich – und selbstsicher

Es heißt immer: »Geld macht nicht glücklich.« Wir wissen jedoch alle, dass Geldsorgen auf jeden Fall unglücklich machen. Geld ist ein ganz wichtiger Faktor, der neben vielen anderen wie Liebe, Gesundheit und Freiheit zu einem glücklichen Leben beiträgt. Finanzielle Engpässe, drückende Schulden, unerfüllte Wünsche und die Sorge vor möglicher Bedrohung der materiellen Existenz nehmen die Lebensfreude.

Als Coach berate ich häufig Führungskräfte und Mitarbeiter in Unternehmen, die durch Reorganisationen, Fusionen, Outsourcing oder Produktionsverlagerungen Personal abbauen wollen. Ich werde von den Personalchefs beauftragt, mit den Betroffenen Outplacement-Beratungen durchzuführen. Das bedeutet, dass gemeinsam individuelle Möglichkeiten zu beruflichen Veränderungen am Arbeitsmarkt erarbeitet werden. Immer ist es so, dass diejenigen, die über ein finanzielles Polster verfügen, sehr viel entspannter an die Bewältigung der beruflichen Krise herangehen. Sie kalkulieren durch, wie sie Miete, Lebensunterhalt, Auto, Ausbildung der Kinder und so weiter trotzdem geregelt bekommen, sollte es mit einem neuen Job nicht auf Anhieb klappen. Diejenigen, die über ein größeres finanzielles Polster verfügen, sehen fast immer in der baldigen Entlassung eine Chance. Sie planen neue Ausbildungen, entschließen sich zur Selbstständigkeit oder gehen als Freiberufler eigene Wege. Oft ist der Verlust des bisherigen Arbeitsplatzes für diese

Menschen der endlich notwendige Anstoß, mutig das zu tun, wovon sie schon lange geträumt hatten. Diejenigen jedoch, die bisher mit ihrem Gehalt gerade so hinkamen oder sogar immer wieder das Konto überziehen mussten, stehen unter Schock, wenn es heißt: »Ihr Arbeitsplatz wird abgebaut.« In ihrer Not müssen sie alles annehmen, was ihnen an neuen Stellen angeboten wird. Sie leiden darunter, Urlaube streichen, Autos aufgeben und womöglich Eigenheime verkaufen zu müssen. Wer das erlebt hat, sagt nie wieder: »Geld macht nicht glücklich.« Es kann zumindest persönliches Unglück in vielen Fällen verhindern oder abmildern.

Mit Geld kann man sich auch in Krisen das erhalten, was zum Lebensglück beiträgt. Mit Geld kann man außerdem neue Ziele anstreben, die glücklich machen. Ich hatte vor Jahren eine Arbeitskollegin mit sehr ausgeprägtem Reisefieber. Sie wäre niemals mit ein paar Wochen Urlaub im Jahr ausgekommen. Zu ihrem Lebensglück gehörten monatelange Reisen durch das Amazonasgebiet oder Safaris im Okavangodelta. Um sich das leisten zu können, brauchte sie Geld und Zeit. Also arbeitete sie stets etwa sechs Monate und lebte dabei unter ärmlichsten Bedingungen in möblierten Zimmern. Innerhalb dieser Zeit brauchte sie wirklich kaum Geld. Niemals hätte jedoch meine Kollegin gesagt: »Geld macht nicht glücklich.« Sie war überglücklich, wenn sie wieder genug Geld für die nächste Reise zusammengespart hatte. Wenn sie es gar nicht mehr nötig gehabt hätte, regelmäßig im Büro eingesperrt sitzen und für Lohn arbeiten zu müssen, wäre ihr Glück perfekt gewesen.

Eine Bekannte von mir hasst ihren Chef. Er lässt keinen Tag vergehen ohne frauenfeindliche Bemerkungen und Schikanen. Alle seine Mitarbeiter, nicht nur die Frauen, leiden unter ihm. Aber meine Bekannte ist schon dabei, sich das notwendige Geld für den Absprung aus ihrem Job zu beschaffen. Sie legt jeden Cent beiseite, spekuliert vorsichtig an der Börse, geht abends einer Nebentätigkeit nach und wird voraussichtlich in etwa einem Jahr ihr eigenes Beauty- und Wellness-Center aufbauen. Auch sie weiß: Geld kann sehr glücklich machen!

Geld steigert das Selbstbewusstsein. Auch Sie kennen ganz sicher das gute Gefühl, sich schön zu finden, wenn Sie elegante Kleidung tragen, die Ihnen sehr gut steht. Sie kennen den Stolz, wenn Sie jemandem Ihr neues Auto oder Ihre schöne Wohnung zeigen können.

Das, was wir uns leisten können, ist immer auch ein Ausdruck dessen, was wir geleistet haben. Meine Eltern waren sehr stolz darauf, uns eine Kindheit im eigenen Haus mit Garten, gute Ausbildungen und materielle Sicherheit bieten zu können. Das, was sich meine Eltern zunehmend für sich selbst und für uns Kinder leisten konnten, war das Resultat ihrer persönlichen Arbeitsleistung und ihres intelligenten Geldmanagements.

Das erleben wir alle. Es macht uns selbstbewusst, wenn wir sehen, was wir geschafft haben. Dabei geht es nicht nur um die Dinge, die wir kaufen und stolz vorzeigen können. Es geht auch um das Selbstbewusstsein zum

Beispiel einem unangenehmen Chef oder gemeinen Kollegen gegenüber. Wer Angst vor dem Verlust des Arbeitsplatzes haben muss, passt sich lieber ängstlich an, ordnet sich unter, lässt sich womöglich mobben. Wer sich mit einem Geldpolster auf der Bank sicherer fühlt, tritt viel selbstbewusster und Chef und Kollegen gegenüber mutiger auf: »So geht Ihr nicht mehr mit mir um!«

Es wird auch Ihr Selbstbewusstsein steigern, wenn Sie durch die Grundregeln eines gelungenen Geldmanagements erleben, wie Sie Ziele erreichen, die Ihnen Lebensglück bedeuten, wie Sie souverän Ihre finanziellen Ströme steuern und die Zügel in der Hand behalten, statt sich immer wieder zu fragen: »Wo ist das Geld geblieben?« Es gehört auch zu Ihrem selbstbewussten Leben, im Restaurant das zu bestellen, worauf Sie Appetit haben. Es macht einfach keinen Spaß, immer zuerst nach den Preisen schielen zu müssen. Es gehört ebenso zu Ihrem selbstbewussten Leben, unhaltbaren Zuständen, die Ihr Glück verhindern, ein Ende bereiten zu können. Die Verfügbarkeit von finanziellen Mitteln ist ein Stück Freiheit, und Freiheit ist eine wichtige Komponente von Glück und Selbstbewusstsein.

Geld macht glücklich und trägt zum gesunden Selbstbewusstsein bei. Streben Sie deshalb unbedingt das Glück an, das Sie mit Geld erreichen können. Lassen Sie sich Ihre Freude am Finanziellen auf keinen Fall madig machen!

PRAXIS-TIPP

❏ Sammeln Sie im Laufe der nächsten Tage Ideen, was Sie gerne tun, sich anschaffen oder in Ihrem Leben verändern würden, stünde Ihnen das notwendige Geld zur Verfügung. Wie könnte ein größerer finanzieller Spielraum Ihren Lebenswert steigern?

Lassen Sie Ihre Fantasie schweifen. Schränken Sie sich nicht ein durch negative Gedanken wie: »So viel Geld kriege ich nie zusammen!«. Gehen Sie davon aus, dass es Ihnen gelingt, das für Ihr Lebensglück notwendige Geld zu bekommen. Wie soll Ihr Leben dann aussehen?

Geld gehört in Frauenhände

Frauen kokettieren gerne damit, dass sie von Geld nichts verstehen. Sie meinen dann oft, dass sie den Wirtschaftsteil der Tageszeitung nicht lesen und mit den Aktieninformationen nichts anfangen können. Wenn das auch auf Sie zutrifft, sollten Sie trotzdem nicht behaupten, dass Sie von Geld nichts verstehen. Wenn Sie wollten, könnten Sie – genau wie viele andere Frauen und ich auch – durch die Lektüre eines einzigen Büchleins innerhalb von maximal zwei Stunden begreifen, wie die zuvor geheimnisvoll wirkenden Zahlenkolonnen im Wirtschaftsteil zu lesen sind. Sollte es Sie interessieren, brauchen Sie bloß regelmäßig auch noch die Berichte über Firmen zu studieren und eine Wirtschaftszeitung zu abonnieren. Sie können zusätzlich ein paar Monate im Internet bei einem Börsenspiel mitmachen. Fragen Sie einmal bei der Sparkasse nach. Die geben Ihnen Infomaterial und nennen Ihnen interessante Börsenspiele. Nach einem halben Jahr sind Sie Profi. Es ist viel leichter, als Sie denken.

Aber wie gesagt: Tun Sie das, wenn Sie Zeit und Interesse daran haben. Wenn Sie keine Lust dazu haben, lassen Sie es sein. Für das persönliche Geldmanagement und den Aufbau Ihres Wohlstands ist es nicht notwendig, sich intensiv mit der Wirtschaft zu befassen.

Sie haben sicherlich auch in der Presse von den tollen Frauenclubs gelesen, die einfach mal angefangen haben, Ihr Geld in Aktien und Fonds zu investieren. Und siehe da: Sie waren erfolgreicher als Männer. Das gilt auch für die Investmentberatung. Frauen können das in der Regel besser als Männer. Das Problem bei Frauen ist oft nur, dass sie sich das zum einen nicht zutrauen, und zum anderen vielfach nicht das nötige Geld haben, mit dem sie spekulieren könnten.

Wenn Sie sich als Frau für das Thema interessieren, dann fassen Sie Mut, und machen Sie sich schlau. Sie können kaum verhindern, dass Sie erfolgreicher sind als Männer mit vergleichbarer Intelligenz und Grundkapital.

Wenn Sie sich als Mann für das Thema interessieren, dann sollten Sie sich ebenfalls mutig daran wagen. Denken Sie aber bitte an die Gefahren »typisch männlicher« Risikounterschätzung bei gleichzeitiger Überschätzung der eigenen Fähigkeiten. Spekulieren Sie immer nur mit Geld, das Sie problemlos verlieren können, oder fragen Sie vorsichtshalber vor größeren Spekulationen eine kundige Frau.

Für Ihr intelligentes Geldmanagement im täglichen Leben brauchen Sie keine Börsenkenntnisse und kein Hintergrundwissen. Dafür reicht der gesunde Menschenverstand kombiniert mit Zielorientierung und Disziplin.

Dass Frauen in aller Regel sehr viel besser mit Geld umgehen können als Männer, weiß man seit Generationen. Mein Onkel Georg hatte eine Schmiede. Er war mit Hammer und Amboss ein begnadeter Handwerker. Den »Papierkram« erledigte meine Tante Martha. Mein Onkel Heinrich führte einen Landmaschinenhandel. Dass die Familie bis in die Enkelgeneration reich ist, liegt an Tante Paulas Geschäftssinn. Sie führte die »Bücher«.

Hinter Begriffen wie »Papierkram« oder »Bücher« verbirgt sich nichts anderes als Geld. Es war und ist über Generationen üblich, dass sich die Handwerker- oder Kaufmannsgattin um Rechnungen, Einkauf der Waren und Materialien sowie um Steuern und die Löhne der Angestellten kümmert. Frauen können das.

Entwicklungshilfe wird zunehmend so gestaltet, dass man in erster Linie die Frauen unterstützt. Überall in Asien oder Afrika werden Frauen Kleinkredite zur Verfügung gestellt. Sie kaufen Nähmaschinen, Ziegen oder Saatgut und fangen damit an, etwas aufzubauen. Die Hilfsorganisationen sagen eindeutig, dass sich diese finanziellen Mittel an Frauen lohnen. Frauen bauen engagiert kleine Fabriken oder Bauernhöfe auf. Sie zahlen pünktlich die Kredite zurück und legen aus Einnahmen wieder an, um sich so schrittweise zu vergrößern. Bei Männern besteht oft die Gefahr, dass die Kredite für Motorräder, »Bierorgien« oder gar für die Anschaffung einer weiteren Ehefrau verwendet werden. Nur selten wird das Geld so genutzt, wie es den Gebern zuvor vorgegaukelt worden war. Das mag sich männerdiskriminierend anhören, aber es ist tatsächlich die Erfahrung aller Entwicklungshilfeorganisationen. Man sagt heute: »Wenn wir einem Land helfen wollen, müssen wir den Frauen helfen.«

PRAXIS-TIPP

❏ Sagen und denken Sie als Frau nie wieder, dass Sie von Geld nichts verstehen. Das kann gar nicht sein! Als Frau sind Sie dazu prädestiniert, Geld zu managen.
Frauen kokettieren auch gerne mit dem Spruch: »Geld ist mir nicht so wichtig.« Sie möchten gerne »höheren Werten« den Vorzug geben. Das ist zwar sehr edel gedacht, erweist sich im Nachhinein aber oft als ruinös für die Frau.

Monika war acht Jahre mit Holger verheiratet, bis sie schließlich entnervt mit den Kindern flüchtete. Sie hat in all den Jahren nicht nur das Geld verdient, sie hat auch Haushalt und Kinder allein versorgt. Nicht nur das, sie hat auch immer wieder neue sinnlose Investitionen für angeblich supertolle Geschäftsideen ihres Mannes finanziert. Einmal kam ihm die Idee, für Firmen ein Online-Informationssystem zu entwickeln. Dazu brauchte er natürlich eine hochmoderne PC-Anlage mit Internet und allem Drum und Dran. Mehr als ein Jahr saß er im Hobbykeller am PC und programmierte vor sich hin. Das System wurde nie fertig. Es gab niemals einen Kunden, der sich auch nur interessiert hätte. Ein anderes Mal wollte er für eine Postwurfzeitung den Anzeigenvertrieb übernehmen. Dazu musste selbstverständlich eine moderne Telefonanlage angeschafft werden. Monatelang fummelte er an der Technik herum. Verkauft hat er nie etwas. Wieder ein anderes Mal bekam er den heißen Tipp, dass man in Polen für wenig Geld original T-Shirts von Joop und Armani kaufen kann. Er sollte pro Hemd nur fünf Euro bezahlen. Der Ladenpreis sei achtzig Euro. Wenn er Geschäftsinhabern die Hemden für dreißig Euro anbieten würde, läge er damit weit unter den Großhandelspreisen. Sie würden ihm die Ware nur so aus den Händen reißen! Monika beschwor ihren Gatten, um Himmels willen die Finger von solchen illegalen Geschichten zu lassen, nahm aber trotzdem mehrere tausend Euro bei der Bank auf und ließ ihn davon so viele Hemden kaufen wie nur in den Kofferraum passten. Nicht nur weigerten die angesprochenen Geschäftsleute sich, ihm etwas abzukaufen, einer zeigte ihn auch noch an. Monika zahlte natürlich alle Gerichtskosten inklusive der Geldstrafe.

Gisela ist Studienrätin. Sie würde niemals illegale Geschäfte mit gefälschten Markenprodukten finanzieren. Aber auch sie zahlt immer noch Schulden für ihren Mann ab, der schon längst mit einer neuen Frau zusammenlebt und inzwischen deren Geld windig investiert. Peter war Vertriebsmitarbeiter im Bauhandel. Nach Streitereien mit seinem Chef wollte er sich selbstständig machen und auf eigene Kappe mit Baustoffen handeln. Gisela kam als verbeamtete Studienrätin der Bank gerade recht, die Bürgschaft für Gründungskredite zu unterschreiben. Leider bereitete die Krise der Baubranche dem Geschäft von Peter ein schnelles Ende. Mit mehreren hunderttausend Euro sitzt Gisela nun in der Kreide. Peter hat sich inzwischen mit einer Immobilienmaklerin nach Spanien abgesetzt.

Schuldenberater beobachten immer wieder das Phänomen, dass Männer sich überschulden, weil sie ihr Geld selbst vernichten. Sie kaufen zu teure Luxusgüter, wie zum Beispiel Sportautos, bauen zu teure Häuser, legen auf Kredit in Aktien an, gründen Unternehmen ohne solide Finanzplanung oder verspielen ihr Geld in Casinos. Wenn Frauen überschuldet sind, haben sie in einigen Fällen zu oft unbedacht aus Katalogen bestellt und dabei die Übersicht verloren. In sehr vielen Fällen jedoch sind Frauen überschuldet, weil sie Männern, die sie lieben, immer wieder Geld gegeben haben oder weil sie sich von Banken zu Bürgschaften für windige Geschäfte ihrer Männer haben hinreißen lassen.

Und ein Weiteres stellen Schuldenberater häufig fest: Wenn ein Mann schließlich finanziell am Ende ist, dann hat er vorher bereits die Ehefrau, die Freundin, die Mutter, die Patentante und die Oma in den Ruin getrieben. Ein Mann ist in der Regel nicht wirklich bankrott, solange es in seinem Umfeld noch irgendeine Frau gibt, die ihn liebt und noch Geld hat. Wenn eine Frau finanziell am Ende ist, dann ist sehr oft der Mann, der sie ruiniert hat, schon längst bei der nächsten Frau untergekommen. Diese Erfahrung machen Schuldenberater, Gerichtsvollzieher und Sozialarbeiter.

Es ist die Tragik vieler Frauen, dass sie ihren überlegenen Geldverstand leider außer Kraft setzen, sobald sie emotional engagiert sind. Sie glauben plötzlich an geniale Geschäftsideen, in die sie nicht einen Cent setzen würden, käme die Idee von der eigenen Schwester. Sie lassen sich zu Mitleid rühren von Männern, denen angeblich nie jemand eine faire Chance gegeben hat. Sie übersehen, dass der Mann auch bei günstigsten Chancen nicht das Zeug zum erfolgreichen Businessman hätte.

PRAXIS-TIPPS

❏ Drehen Sie Ihrem Mann den Geldhahn zu, wenn er Ihr Geld verspekuliert oder Geschäfte gründet, für die er Ihr Geld oder Ihre Kreditwürdigkeit braucht. Trennen Sie sich von einem Mann, der Ihre Liebe in Zweifel zieht, wenn Sie ihm kein Geld geben wollen. Trennen Sie sich auch von einem Mann, der an Ihr Mitleid appelliert. Verlassen Sie sich darauf, er wird nicht auf der Straße landen, verhungern oder erfrieren. Der findet wieder Unterschlupf. Es ist schlimm, wenn ein Mann sich finanziell in den Abgrund reißt, schlimmer ist, wenn er Sie und womöglich Ihre Kinder mitreißt.

Wenn Sie mit einem solchen Mann zusammen sind, haben Ihre Freunde und Angehörigen Ihnen bestimmt schon x-mal geraten, ihn rauszuwerfen. Tun Sie es endlich. Sie können ihm nicht helfen, sie können nur mit ihm untergehen.

❏ Wenn Sie ein Unternehmen aufbauen wollen, dann scheuen Sie bitte nicht die Kosten gründlichster Beratung und sauberer notarieller Absicherung. Außerdem sollten Sie Gütertrennung mit Ihrem Partner vereinbaren. Es muss immer so geregelt sein, dass der Ruin der einen Seite nicht auch die Reserven der anderen Seite vernichtet.

❏ Unterschreiben Sie niemals bei der Bank für Ihren Mann, Ihren Sohn oder für irgendwen etwas, was Sie nicht mehrere Nächte überschlafen und mit Freundinnen im Detail ausdiskutiert haben. Ein Geschäft, das so dringend ist, dass es Ihre schnelle Unterschrift braucht, kann nur Geldvernichtung bedeuten. Lassen Sie neutrale Frauen Ihres Vertrauens in die Sache hineinschauen! Unterschreiben Sie grundsätzlich nicht, wenn der Mann, dem Ihre Unterschrift zugute kommen soll, Ihre intelligente Sorgfalt als Vertrauensbruch bezeichnet. Ein Geschäft, das so diskret behandelt werden muss, dass Sie es nicht im Detail mit Frauen Ihres Vertrauens besprechen dürfen, sollte auch ganz gewiss ohne Ihr Geld abgewickelt werden. Vorsicht!

Fairness im Geld – Fairness in der Liebe

Wenn Sie mit einem Partner im gemeinsamen Haushalt leben, wird das Thema Geld auf jeden Fall zum wichtigen Aspekt Ihrer Beziehung. Leider ist es oft so, dass in der Anfangszeit romantischer Verliebtheit Geldfragen fast ängstlich gemieden werden. Die frische Liebe ist so kostbar, dass es scheinbar nicht dazu passt, rein pragmatisch über Geld zu sprechen. Ganz schnell hat sich dann jedoch etwas eingespielt, was die weitere Beziehung schwer belasten kann.

Eheberater sagen, dass heute mehr Ehen durch Unstimmigkeiten bei Geldfragen in Krisen geraten als durch andere Probleme. Früher mag es einfacher gewesen sein. Der Mann verdiente den Lebensunterhalt und hatte entsprechend das Sagen über alle großen Ausgaben. Die Frau bekam Haushaltsgeld und durfte damit wirtschaften. Sie war für die kleinen Ausgaben des täglichen Lebens zuständig. Wenn sie Pech hatte, musste sie vor ihrem Mann mit einem Haushaltsbuch Rechenschaft ablegen. Manche Frauen mussten sogar demütig betteln und Vorwürfe ertragen, wenn wegen gestiegener Preise eine Erhöhung des Haushaltsgeldes notwendig war. Damals gerieten Ehen vielleicht seltener wegen Geldfragen ins Kriseln, aber besser als heute war es zumindest für die Frauen nicht. Viele Männer zitierten auch den Spruch: »Wenn man heiratet, ist die Mark nur noch fünfzig Pfennig wert.« Dahinter verbarg sich ganz frech die Anschuldigung an die Ehefrau, sie entwerte (!) sein Geld.

Auf der anderen Seite war die Frau auch eine Art Statussymbol für den Mann. Wenn er ihr einen Pelz oder Schmuck kaufen konnte, spiegelte sich darin sein beruflicher Erfolg wider. Im Orient ist es heute noch so, dass die Männer ihren Status durch das Gold ihrer Frauen zur Schau stellen. Man muss das einmal gesehen haben, wenn bei großen Festen die Frauen unter sich sind und ihre Schleier ablegen. Dann blitzt und glänzt das Edelmetall. Vier, fünf und mehr Halsketten aller Stilrichtungen werden auf einmal getragen. Der Schmuck soll nicht schmücken, sondern zeigen, was der Mann sich leisten kann.

Früher war das Einkommen selbstverständlich das Geld des Mannes. Auch das gemeinsame Auto war sein Auto. Ebenso war er der Hausbesitzer und nicht sie. Der Mann war auch offiziell der »Haushaltsvorstand« und somit letztlich der Vorgesetzte seiner Ehefrau. Er war der Boss, aber auch der Ernährer. Seine Vorrangstellung, aber auch seine Verantwortung hatte sehr viel damit zu tun, dass er es schließlich war, der das Geld verdiente. Wenn eine Frau arbeiten ging, dann natürlich nicht, weil sie sich auch durch ihren Beruf verwirklichen wollte, sondern weil sie »dazuverdienen« musste. Eine Frau arbeitete, wenn das Einkommen des Mannes nicht reichte. Ich kann mich noch gut an die Zeiten erinnern, in denen Männer sich schämten, wenn sie »es nötig hatten«, ihre Ehefrauen arbeiten lassen zu müssen.

Bis heute ist es für manchen Mann schwer zu ertragen, wenn die Frau mehr verdient als er selbst. Das kommt einer Entmachtung gleich. Viele Männer, die durch Arbeitslosigkeit gezwungen sind, ihre Ehefrauen als Geldverdienerinnen zu ertragen, leiden schrecklich darunter. Sie nehmen ihnen auf keinen Fall die Hausarbeit ab, sondern nörgeln und nerven lieber, weil es ihnen seelisch so dreckig geht. Manche Frauen müssen in solchen Situationen nicht nur das Geld verdienen, sie müssen auch noch den Haushalt komplett erledigen und zusätzlich den »armen« Mann psychologisch betreuen, weil er die tiefe Demütigung nicht verkraftet, von ihrem Geld leben zu müssen.

Geldverdienen, Macht und Würde hängen eng zusammen und beeinflussen die Liebe. Das ist ein empfindliches Beziehungsgeflecht, das leider auch noch durch Tabus belastet wird. Auch heute, da eigentlich gleichberechtigte Partnerschaften angestrebt werden, sind alte Denkmuster nicht überwunden. Es gibt noch immer Männer, die von Minderwertigkeitsgefühlen und Selbstzweifeln geplagt werden, wenn sie nicht die alleinige Herrschaft über das Konto haben. Es gibt noch immer Männer, die sich nicht vorstellen können, ihrer Frau auch nur die Bankvollmacht zuzugestehen.

Konflikte in der Beziehung kreisen öfter um Geldfragen als um andere Dinge. Umgekehrt können auch Unstimmigkeiten in anderen Bereichen oft bei Geldfragen zum Ausbruch kommen. Das ist kein Wunder. Wir Menschen sind in unserem Verhältnis zum Geld individuell geprägt. Wenn sich zwei Verliebte zusammentun, dann kann es leicht sein, dass der eine von der Kindheit her ein sparsames Geldverhalten mitbringt, der andere jedoch zu großzügigem Ausgeben neigt. Für den einen bedeutet Sparen vielleicht Sicherheit, dem anderen »brennt das Geld in der Tasche«. Auch die Wertigkeiten unterscheiden sich. Für den einen ist es völlig in Ordnung, sich einen edlen Ledergürtel mit Markenlabel für zweihundert Euro zu kaufen, für den anderen ist das Irrsinn. Der eine ist bereit, Möbel auf Kredit zu kaufen, damit die Wohnung auf Anhieb perfekt gestylt ist, für den anderen ist es gemütlicher, schuldenfrei auf Secondhand-Sesseln zu sitzen. Der eine geht gerne ins Restaurant und gibt auch gerne großzügig Trinkgeld, der andere schmollt: »Zu Hause kann man billiger essen.«

PRAXIS-TIPPS

❏ Wenn Sie mit einem Partner oder einer Partnerin das Leben gemeinsam verbringen wollen, dann gehört das Thema Geldmanagement zu Ihrer gemeinsamen Lebensgestaltung und Zukunftsplanung dazu. Sie sollten am besten in Zeiten romantischster Verliebtheit die folgende Frage diskutieren: »Wie wollen wir es als Paar mit dem Geld halten?« Je verliebter Sie sind, desto liebevoller und fairer kommen Sie zu einer Regelung, die Ihnen beiden gerecht wird. Lassen Sie sich von den folgenden Beispielen anregen:

• Mein Mann und ich haben völlig getrennte Kassen, sogar bei unterschiedlichen Banken. Mein Mann kauft gerne ein, plant Vorräte und behält gern die Ausgaben für Wohnung, Urlaub und so weiter im Auge. Als Orientale liebt er auch Feilschereien und Preisvergleiche, die mir eher lästig wären. Also hat mein Mann die Haushaltskasse. Ich zahle jeden Monat meine Hälfte ein und kümmere mich dann um nichts mehr.

- Mit meinem eigenen Geld unterhalte ich mein Auto, bezahle meine Reisen, Kleider und Versicherungen und lege etwas für die Altersvorsorge zurück. Was mein Mann mit seinem Geld macht, weiß ich so genau gar nicht. Wir reden uns gegenseitig nicht in unsere Geldangelegenheiten hinein. Aber eine Vereinbarung haben wir gleich zu Beginn unserer Partnerschaft getroffen: Wir werden niemals einen Lebensstil führen, den wir nicht im Notfall auch mit einem Gehalt weiterführen könnten. Wir leben zwar in finanzieller Hinsicht weitgehend unabhängig voneinander, sind uns gegenseitig aber immer auch die »Rückversicherung«. Sollte ich arbeitslos werden, wird mein Mann mich ernähren, und umgekehrt.

- Meine Freundin Marion erzieht die drei Kinder und macht den Haushalt. Ihr Mann Helmut verdient als leitender Angestellter das Geld. Er bekommt jeden Monat sein Taschengeld und kümmert sich ansonsten nicht um Marions Geldmanagement. Einmal im Jahr setzen sie sich zusammen und schmieden den Finanzplan für das kommende Jahr und für langfristige Lebensziele. Sie wollen im Laufe der nächsten Zeit mit dem Bauen anfangen. Dafür wird schon lange gespart. Kleinere Sparziele wie ein neuer (Gebraucht-)Wagen oder Urlaub werden im jährlichen Planungsgespräch festgelegt. Ebenso werden bei der Gelegenheit stets die Taschengelder aller Familienmitglieder neu verhandelt.

• Simona und Jeff werfen alles in einen Topf und bedienen sich beide nach Belieben daraus. Sie haben allerdings drei Sparverträge. Der eine ist für gemeinsame Ziele wie Wohnungs- oder Autokauf, die beiden anderen gehören ihnen jeweils individuell. Zum Monatsbeginn, wenn die Gehälter eingegangen und die Daueraufträge abgebucht worden sind, fließen die Spargelder ab. Was dann noch auf dem Giro ist, gehört beiden. Dieses System funktioniert, weil Simona und Jeff fast alles zusammen machen. Es kommt selten vor, dass sie zum Beispiel allein mit Freunden etwas unternehmen oder etwas für sich allein kaufen. Man sieht die beiden immer nur zusammen, und oft hat nur einer von beiden Geld in der Tasche.

❏ Schauen Sie sich bei Ihren Eltern und Freunden um. Wie handhaben die als Paar ihr Geldmanagement? Wie kommen sie damit klar? Wie erreichen sie ihre Ziele,

und wo kommt es zu Konflikten? Was können Sie von
diesen guten oder schlechten Vorbildern lernen?

❏ Glauben Sie bitte nicht, die offene Diskussion über
den »schnöden Mammon« gefährde die zarten Ge-
fühle Ihrer Liebe. Unsinn. Geld ist etwas absolut
Erotisierendes. Kein Wunder, dass gut verdienende
Männer auf Frauen so sexy wirken. Gönnen Sie sich
einen sehr guten Wein, essen Sie etwas Feines dazu
und gehen Sie dann gemeinsam den Fragen nach:

• Welchen Lebensstil wollen wir pflegen?
• Welche Ziele wollen wir in fünf und in zehn Jahren
  verwirklicht haben?
• Wofür geben wir gerne Geld aus? Wie unterscheidet
  sich das bei uns beiden?
• Wie sind wir beide vor unserer Beziehung allein mit
  unseren jeweiligen Budgets umgegangen?

Entwickeln Sie dann unabhängig voneinander Ihre jeweilige Idealvorstellung, wie Sie gerne in der Partner-
schaft das Geld managen würden. Sprechen Sie über
Ihre Idealvorstellungen, und entwickeln Sie dann ein
gemeinsames Modell.

Sie können auch zunächst eine »Probezeit« mit einem
Modell zum Geldmanagement vereinbaren. Wenn Sie
nach einem halben Jahr feststellen, dass das gewählte
Modell Ihnen nicht zusagt, dann probieren Sie ein anderes aus.

Grundsätzlich gehört jedoch zu einer fairen Partner-schaft, dass beide über ein individuelles Budget verfügen. Es ist der sichere Tod der Liebe, wenn eine oder einer von beiden sich für persönliche Einkäufe vor dem Partner rechtfertigen muss.

Ebenso verkraftet es keine Liebe, wenn eine oder einer von beiden durch überzogene Ausgaben der Partner-schaft die materielle Grundlage entzieht. Es ist einfach unfair, wenn ein Partner munter Geld »verschleudert« und der andere Partner dann zusehen kann, wie das wieder in Ordnung gebracht werden kann.

Definieren Sie die Ziele Ihres Geldmanagements

Die 5 Dimensionen Ihres Geldmanagements

Viele Menschen kommen allein deshalb nicht mit ihrem Geld klar, weil sie vom Grundsatz her eine falsche »Denke« haben. Ihre Betrachtungsweise und daraus abgeleitet das Management ihrer Geldströme ist falsch. Wer falsch denkt, handelt falsch und bringt sich folgerichtig in missliche Situationen. Wer im Hinblick auf Geld falsch denkt, läuft Gefahr, immer tiefer in den Sog von überzogenem Konto, von Schulden, von Ruin zu geraten. Es werden dann zwar immer neue Versuche unternommen, sich irgendwie wieder zu retten, aber es nutzt nichts. Solange das Denken falsch ist, kann ein Rettungsversuch maximal zu einem Aufschub des unvermeidlichen Desasters führen.

Meine Freundin Gaby lies sich sehr lange vom falschen Denken steuern. Als Speditionskauffrau verdiente sie recht gut. Sie war verheiratet mit einem Mann, der leider durch Alkoholmissbrauch nicht mehr arbeitsfähig war. Seine Alkoholprobleme haben wir Freunde lange Jahre für die Ursache von Gabys ständigen Geldsorgen gehalten. Immer kam sie gerade noch irgendwie bis zum Monatsende hin. Immer wieder pumpte sie uns um kleine Beträge an, die sie in der Regel nach dem nächsten Ersten auch treu zurückzahlte. Aber wenn sich wieder das Ende des Monats näherte, wurde es erneut knapp. Im Café zahlten wir dann für sie mit. Sie tat uns leid. Wir waren überzeugt, dass die arme Frau im Job hart arbeitete und erfolgreich war, sich privat allerdings aus lauter Liebe das Geld vom Mann »vertrinken« ließ.

Für mich war es ein großer Schreck, als sie einmal in fröhlicher Runde erzählte, was sie schon alles getan hatte, um bei Ebbe im Geldbeutel schnell wieder flüssig zu werden. Sie hatte früher öfter heimlich das Sparschwein des Sohnes ausgeleert und sich dort einen »Vorschuss« geholt. Sie kannte in der Stadt einige alte Geldautomaten, die nicht online bei ihrer Bank angeschlossen waren. Dort zog sie sich oft noch Bargeld heraus, wenn ihr Konto schon längst die Grenze des Dispos erreicht hatte. Sie kannte auch die Geschäfte, in denen es möglich war, mit Karte zu bezahlen, um am nächsten Tag die angebliche Mangelware gegen Bargeld wieder einzutauschen. Wir waren entsetzt, als sie uns solche Geschichten erzählte. Später unterhielten wir Freunde uns fassungslos darüber, zu welchen offensichtlichen Betrügereien Gaby, die erfolgreiche Speditionskauffrau, durch ihren alkoholkranken Mann getrieben wurde. Wir waren ganz sicher, dass die arme Frau das tat, weil der Mann alles Geld vertrank. Wir wussten auch, dass Gaby unter immensen Schulden litt. Im Laufe der Jahre war es immer mehr und mehr geworden. Immer wieder geriet sie an die Grenzen des Dispos, ließ den in einen normalen Kredit umwandeln und schöpfte erneut den Dispo bis zur Grenze aus. Mit der Zeit war der Schuldenberg so groß wie bei den Freunden, die sich immerhin Wohnungen für vergleichbare Summen gekauft hatten.

Ganz plötzlich starb Gabys Mann. So sehr wir mit ihr trauerten, so sehr freuten wir uns auch mit ihr, dass sie nun ein eigenes Leben ohne die Belastungen durch seine Sucht führen konnte. Gaby gab auch ganz offen zu, dass sie sich sehr erleichtert fühlte, zum ersten Mal völlig schuldenfrei zu sein. Durch eine Versicherung war mit dem Tod des Mannes alles getilgt.

Es dauerte nicht ganz zwei Jahre, und Gaby war wieder in Schulden versackt. Wir konnten uns das gar nicht vorstellen. Sie hatte sich weder eine Wohnung noch ein neues Auto noch neue Möbel gekauft oder Urlaube gemacht. Nichts dergleichen. Wie konnte eine Speditionskauffrau mit gutem Einkommen in Schulden geraten? »Was hast du mit deinem Geld gemacht?« Gaby wusste es nicht. Nein, ihrem Sohn hatte sie nichts gegeben. Im Gegenteil, sie hatte ihn und hinter seinem Rücken auch die Schwiegertochter bereits mehrfach angepumpt. Eigentlich hatte sie eine hohe Steuerrückzahlung nach dem Tod des Mannes erwartet, aber die war nicht so hoch wie erwartet ausgefallen. Dann hatte sie auch gemeint, die Tante werde ihr etwas hinterlassen. Aber die war so lange im Pflegeheim, dass bei ihrem Tod alle ihre Ersparnisse aufgebraucht waren. Auch der Schmuck, den Gaby schließlich verkauft hatte, brachte nicht so viel wie erwartet. Und dann war halt immer der Dispo irgendwie die letzte Rettung. In der ersten schuldenfreien Zeit hatte sie ihn auch bei jeder Gehaltszahlung wieder ausgleichen können, aber dann sank sie doch so langsam aber sicher immer tiefer hinein. Irgendwann reichte die Gehaltszahlung nicht einmal mehr, um das Konto wieder auf null zu bringen. Dann wurde halt das alte Spiel gespielt: Dispo mit normalen Krediten bereinigen und wieder bis zum Limit ausschöpfen. Gaby saß finanziell nach kurzer Zeit wieder genau da, wo sie mit ihrem alkoholkranken Mann auch schon gewesen war. Sie gab Geld aus, ohne sich großartig etwas anzuschaffen. Irgendwie rann ihr das Geld durch die Finger, und zwar schneller, als neues vom Arbeitgeber nachkam.

Das Desaster bei Gaby wurde letztlich nicht nur durch ihr nachlässiges Ausgeben verursacht, sondern durch ihre falsche »Denke«. Ihr Denken richtete sich immer auf neue mögliche Geldquellen, die sie als Nächstes anzapfen könnte: Steuerrückzahlung, Erbe der Tante, Dispokredit, Sohn, Schwiegertochter, Kaufen auf Raten, Vorschuss vom Chef, Schmuck verkaufen, bis sie schließlich bei ihren Freunden um finanzielle Hilfe bat. Gabys falsches Denken lief in Bahnen wie:

- »Woher kommt noch Geld auf mich zu?«
- »Wie viel kann ich noch vom Konto holen und überziehen?«

- »Welche Wertsachen kann ich zu Geld machen?«
- »Wo kann ich noch was bekommen?«

Gaby war ständig auf der Suche nach neuen Geldquellen. Dieses falsche Denken funktioniert leider fast immer viel zu lange viel zu gut. Angehörige und Freunde helfen zu oft mit geliehenen Beträgen aus. Banken freuen sich, wenn Konten überzogen werden. Anbieter von Waren suggerieren: »Kaufe jetzt, zahle später.« Klar! Wer auf Raten kauft, muss mehr bezahlen.

Ohne konsequentes Geldmanagement sind die Verführungen und Möglichkeiten einfach zu groß. Ganz lange klappt es wunderbar, die Geldströme einfach laufen zu lassen. Es gilt ja auch als geizig, sparsam zu sein. Es gilt als lustfeindlich, sich nicht sofort alle Wünsche zu erfüllen. Es gilt als spießig, erst mal nachzurechnen.

Falsches Denken kreist um die Kernfrage: »Wo kann ich noch was hernehmen?« Richtiges Denken basiert auf der Kernfrage: »Wie komme ich mit dem aus, was ich habe oder monatlich verdiene?«

Heute lebt auch meine Freundin Gaby endlich wieder sorgen- und schuldenfrei mit der richtigen »Denke« bezüglich ihres Geldes. Einfach war es für sie nicht. Für sie waren drei wichtige Schritte notwendig:

1. Sie musste zunächst erkennen, dass die Ursachen ihrer Geldprobleme bei ihr selbst lagen.

   Nicht die Alkoholsucht ihres Mannes hatte sie in Schulden gerissen. Es lag auch nicht an den viel zu hohen Zinsen der bösen Bank oder der Gemeinheit des Finanzamtes oder der teuren Pflege ihrer Tante. Ihr eigenes Fehlverhalten im Umgang mit Geld war die Ursache.

2. Sie brauchte eine Struktur, um sich überhaupt einen Überblick über ihre Geldangelegenheiten zu verschaffen. Sie verschaffte sich einen Überblick, wohin ihr Geld floss oder fließen sollte. Als sie den Überblick hatte, fand sie auch endlich die Ansatzpunkte, um aktiv ihr finanzielles Leben managen zu können.

3. Sie brauchte die notwendige Disziplin, sich von falschem Verhalten zu lösen und richtiges einzuüben. Sie musste aufhören, ständig nach neuen Geldquellen zu suchen. Stattdessen musste sie trainieren, mit dem Geld, das sie monatlich verdiente, ihr Leben finanziell zu managen. Gaby schaffte es, weil sie es wollte. Sie hatte die ewigen Geldsorgen satt.

Auch Sie wollen nicht irgendwie Ihr Geld irgendwohin verschwinden sehen. Sie brauchen eine Struktur, um einen Überblick über Ihre Einnahmen und Ausgaben zu bekommen. Manager in Unternehmen können auch nur da sinnvoll managen, leiten, steuern, eingreifen und etwas in die gewünschte Richtung lenken, wenn sie sich erst einmal einen Überblick verschafft haben.

Zunächst sollten Sie sich ab sofort bewusst für das richtige Denken entscheiden. Schreiben Sie sich den folgenden Satz auf, und kleben Sie ihn für ein paar Tage an den Spiegel: »Ich werde mit dem Geld auskommen, das ich habe.«

Unter dem Geld, das Sie haben, verstehen Sie Ihr monatliches Einkommen oder gegebenenfalls Ihr Arbeitslosengeld, Ihre Sozialhilfe oder Ihre Rente. Das ist das Geld, das zuverlässig jeden Monat kommt. Rechnen Sie bitte nicht zu erwartende Erbschaften, Sonderzahlungen vom Chef, demnächst fällige Steuerrückzahlungen und Ähnliches hinzu.

Ihr Geldmanagement ist dann erfolgreich, wenn Sie mit dem Geld, das Sie monatlich zur Verfügung haben, auskommen. Mit »auskommen« ist nicht gemeint, dass am Monatsende immer alles weg ist. Sie kommen dann mit Ihrem Geld aus, wenn immer auch etwas übrig bleibt. Wenn Sie nämlich gerade so von einer Gehaltszahlung zur nächsten hinkommen, managen Sie schlecht. Sie würden bei plötzlichen Ausgaben unweigerlich ins Minus sinken und Ihren Dispo oder das Sparbuch in Anspruch nehmen müssen. Das soll nicht sein! Es darf einfach nicht sein, dass eine ungeplante Autoreparatur oder ein kaputter Kühlschrank Ihre Planung durcheinanderbringt. Es darf auch nicht sein, dass Ihr Urlaub mit einem Minus auf dem Konto endet. Das macht doch keinen Spaß!

Orientieren Sie sich bitte zukünftig an der Form des fünfzackigen Sterns. Dieser Stern zeigt Ihnen die Struktur Ihres erfolgreichen Geldmanagements. Dabei steht jede Zacke für eine Dimension.

1. Schulden

Diese Dimension beinhaltet Ihre gesamten Schulden. Es kann sich um Tilgung und Zinsen für die Eigentumswohnung, um Raten für das neue Auto, um das Minus auf dem Girokonto oder auch um privat geliehenes Geld handeln.

Die 5 Dimensionen Ihres Geldmanagements

Nicht zufällig steht diese Dimension an erster Stelle. Wenn Sie auf die Dauer zu einem Leben auf finanziell geregelter Basis und sogar zu Wohlstand kommen wollen, müssen Sie es sich angewöhnen, immer als Erstes die Schulden zu bedienen. Bei jeder Einkommenszahlung muss zuerst und vorrangig der monatliche Beitrag zum Schuldenabbau geleistet werden.

PRAXIS-TIPPS

❏ Lassen Sie sich niemals von Werbesprüchen der Machart »Kaufe jetzt – zahle später« hinreißen. Damit tun Sie nur denen einen Gefallen, die es auf Ihr Geld abgesehen haben. Wenn Sie etwas kaufen möchten, was Sie heute noch nicht bezahlen können, dann darf es nur eine Lösung geben: erst sparen!

❏ Machen Sie nicht mit bei dem Unsinn, möglichst viele Schulden haben zu wollen, um auf diese Weise Steuern zu sparen. Auch das reden Ihnen solche Finanzberater ein, die es nur darauf anlegen, sich auf Ihre Kosten zu bereichern. Schulden statt Steuern mögen für Geschäftsleute interessant sein. Für Sie mit einem ganz normalen Einkommen sind alle Schulden grundsätzlich eine Belastung, die Sie sich so schnell wie möglich vom Halse schaffen sollten. Sind Sie wirklich sicher, dass Sie so genau durchrechnen können, ob die gesparten Steuern so viel mehr einbringen, als die Kreditzinsen bei der Bank wieder auffressen? Außerdem müssten Sie ja auch einkalkulieren, welche Zinsen Sie von der Bank bekämen, hätten Sie keine Schulden, sondern stattdessen schon wieder ein langsam wachsendes Sparpolster. Sie müssten schon ein ganz ausgebuffter Rechenprofi sein, um solche Rechenexempel wirklich sauber zu durchblicken. Wenn Sie das können, sind Sie sowieso längst reich. Wenn nicht, dann verlassen Sie sich womöglich auf Ratschläge von selbst ernannten Rechenkünstlern. Wenn Sie dazu noch einen instinktiven »Finanzminister-Hass« in sich tragen, dann lassen Sie sich viel zu leicht auf gefährliche Geldabenteuer ein.

Machen Sie es sich zum Lebensprinzip, möglichst gar keine Schulden zu haben. Wenn Sie Schulden machen, dann nur für echte Gegenwerte wie die Anschaffung einer Immobilie oder die Investition in eine Ausbildung oder gut durchdachte Geschäftsidee. Wenn Sie Schulden haben, dann machen Sie es sich zum Lebensprinzip, diese vorrangig abzubezahlen.

Lassen Sie sich auch nicht von Ihrem Bankberater mit seiner geschulten Rhetorik einnebeln. In den meisten Banken ist es den Beratern offiziell untersagt, das Wort »Schulden« überhaupt zu benutzen. Sie sollen zum Beispiel nur von »Verbindlichkeiten« sprechen. Das klingt harmloser. Klar! Ihre Bank will, dass Sie Schulden machen. Die lebt davon.

2. Lebensunterhalt

Diese Dimension meint alle Ausgaben, die zu Ihrem täglichen Leben gehören. Das fängt bei der Zahncreme an, geht über die Telefonkosten, die Miete, die Frühstücksbrötchen bis zu den Kinokarten. Mit dem Geld für diese Dimension leben Sie. Das, was Sie hier zur Verfügung haben, macht Ihren »Lebensstil« aus.

3. Sparen

Diese Dimension meint das Geld, das Sie beiseitelegen. Vielleicht überweisen Sie grundsätzlich jeden Monat eine bestimmte Summe auf das Sparbuch. Wenn ein schöner Betrag erreicht ist, legen Sie das Geld lukrativer in anderer Form an. Vielleicht werfen Sie grundsätzlich abends alle Münzen ins Sparschwein.

Es gibt verschiedene Formen des Sparens. Sie alle sprechen in uns den »Eichhörnchen-Instinkt« an. Man legt etwas beiseite und hat dann im Notfall oder für bestimmte Anlässe schnell Geld zur Hand.

Mein Kollege Michael Armin hat es sich angewöhnt, bei seinen Spesenabrechnungen immer die Fahrtkosten auf ein Extrakonto überweisen zu lassen. Von dem Geld kauft er sich dann später das nächste Auto.

Meine Freundin Claudia hat nach der letzten Gehaltserhöhung einen Sparauftrag in der Höhe der Differenz zwischen altem und neuem Nettogehalt eingerichtet.

Mein Schwager zahlt sich immer selbst einhundert Euro aufs Postsparbuch, wenn er die Fenster selbst putzt.

Ich gebe niemals 2-Euro-Münzen aus. Die stecke ich sofort beim Heimkommen in einen Topf. Von dem Geld kaufe ich mir Krimis.

Das Spargeld können Sie einfach so ohne spezielles Ziel sparen. Es gibt Ihnen ein Gefühl der Sicherheit, zur Not immer noch etwas parat zu haben. Sie können sich damit auch Wünsche nebenher erfüllen, die nicht beim normalen Lebensunterhalt berücksichtigt sind. Sie können auch konkret etwas ansparen, zum Beispiel einen Urlaub oder ein neues Auto. Und Sie haben mit dem Ersparten notfalls Geld zur Verfügung, wenn ungeplante Ausgaben, beispielsweise bei einer Autopanne, auf Sie zukommen.

Die Dimension des Sparens ist dafür gedacht, dass Sie immer noch einen gewissen Spielraum neben dem Notwendigen zum Lebensunterhalt haben. Wie groß der Spielraum ist, hängt von Ihrem Einkommen und Ihrem allgemeinen Lebensstil ab. Eine Faustregel nannte mir meine Bankberaterin: Auch wer so wenig verdient, dass es gerade zum Leben reicht, sollte doch – notfalls in kleinsten Beträgen – ein Polster von sechs Monatsgehältern als »eiserne Reserve« aufbauen.

PRAXIS-TIPP

❏ Vergessen Sie unbedingt den dummen Werbespruch, der vor einiger Zeit einmal kursierte: »Das Sparbuch ist ein Buch, das Sie sich sparen können.« Falsch! Für ganz normale Menschen wie Sie und mich sind Sparbücher perfekt. Falls Sie keines haben, legen Sie sich unbedingt eines zu! Da können Sie immer schnell kleine Beträge einzahlen, die auf dem Girokonto zu leicht mitverbraucht werden. Auf dem Sparkonto ist das Geld erst einmal vor spontanem Zugriff gerettet. Vom Giro hebt man per Kreditkarte oder Geldautomat zu leicht alles Geld ab. Das Sparbuch zu plündern, kostet schon einige Überwindung. Oft lässt man unnötige Ausgaben dann doch erst mal sein. Sie können immer bei einer bestimmten Höhe des gesparten Betrags eine bessere Anlage wählen. Das Geld geht damit automatisch eine Dimension weiter: Ziele.

4. Ziele

Hiermit ist die Dimension gemeint, die Ihre langfristige Lebensplanung betrifft. Sie verfolgen vielleicht das Ziel, sich einmal ein Haus zu kaufen oder eine Weltreise zu machen. Dieses Ziel liegt Ihnen so sehr am Herzen, dass Sie dafür Opfer bringen. Um für dieses Ziel die notwendige finanzielle Basis zu schaffen, schränken Sie sich bei allen anderen Dingen ein. Sollten Sie dieses Ziel verfehlen, würden Sie einen wesentlichen Teil Ihres Lebens als nicht erfüllt ansehen.

Mein Kollege Ewald Hüppe hat zum Beispiel mit seiner Frau das Ziel, eine große Familie mit vier bis sechs Kindern zu haben. Herr Hüppe verdient als leitender Angestellter zwar sehr gut, aber so viele Kinder kosten eine Menge Geld. Außerdem wünschen sie sich ein großes Haus mit Garten, und Frau Hüppe kann unmöglich auch noch arbeiten gehen. Alles in allem ist so eine große Familie also sehr kostspielig. Aber dieses Ziel ist den Hüppes so wichtig, dass sie dafür Opfer an anderer Stelle bringen.

Meine Freundin Ulla Wartig hatte das Ziel, so viel Geld zu sparen, dass sie davon ein Jahr aus dem Beruf aussteigen und ihren lange geplanten Roman schreiben konnte. Um das zu schaffen, legte sie jeden Cent beiseite. Sie opferte auch ihre große Wohnung und zog in eine billige Einzimmerwohnung. Sie schaffte es und schrieb in dem freien Jahr ihren Roman.

PRAXIS-TIPP

❏ Denken Sie bitte einmal ganz in Ruhe darüber nach, welche großen Ziele Sie haben. Wollen Sie einen alten Bauernhof umbauen, ein eigenes Geschäft eröffnen oder ein Jahr mit eigenem Boot um die Welt segeln? Was ist Ihr großer Lebenstraum?

Nehmen Sie Ihren Traum ernst. Verwirklichen Sie ihn. Es macht so glücklich und stolz, dieses Ziel zu erreichen. Es frustriert fürchterlich, für immer einen unerfüllten Traum mit sich herumzuschleppen.

Eröffnen Sie ein eigenes Sparkonto für Ihr Ziel. Sparen Sie dort das Geld, das für alles andere grundsätzlich tabu ist. Leiten Sie alle Sondereinnahmen wie Weihnachtsgeld, Steuerrückzahlungen und Erbschaften sofort auf dieses Konto um. Vereinbaren Sie mit Ihrer Bankberaterin einen Termin, wie Sie möglichst zügig das notwendige Startkapital aufbauen und die Sache weiter finanzieren können.

Sehen Sie bewusst Ihr Geldmanagement als Chance, Träume zu verwirklichen!

5. Luxus

Diese Dimension verleiht Ihrem Leben Glanz und besondere Freude. Luxus ist das, was Sie nicht brauchen und sich eigentlich auch nicht so ganz ohne Einschränkungen an anderer Stelle leisten können. Trotzdem legen Sie Wert darauf, gewisse Dinge lustvoll zu genießen. Luxus steigert Ihre Lebensqualität.

Für jeden bedeutet Luxus etwas anderes. Mein ehemaliger Chef Jochen Kniebann ließ sich zum Beispiel seine Schuhe immer nach Maß anfertigen. Sie kosteten natürlich eine Menge Geld. Ein Kollege sagte mal ironisch:

»Wenn ich so viel ausgebe, wie er für seine Schuhe, dann kaufe ich mir was mit Reifen dran und Motor drin.«

Meine Freundin Karin hingegen lebt von einem kleinen Einkommen als Verkäuferin. Sie leistet sich trotzdem Luxus. Sie belohnt sich für den Stress im Laden mit ganz spezieller Seife aus Damaskus. Einmal im Jahr fliegt sie nach Syrien und kauft sich zwei oder drei Kilo auf Vorrat. Sie schwört auf diese Seife. Angeblich hat sich schon Kleopatra mit solcher Seife gepflegt. Wenn man Karin fragt, warum sie die Seife nicht einfach im Öko-Handel bestellt, dann sagt sie, dass das nur Fälschungen sein können. Nein, sie kennt den einzigen Seifenmacher bei Damaskus, der noch nach uraltem Rezept die echte Seife in kleinen Mengen herstellt. Die kann man auch nur bei ihm persönlich in der Hinterhoffabrik kaufen. Das ist Luxus!

Meine Freundin Elke betreibt einen luxuriösen Kult mit Kaffee. Für sie gibt es nur »Blue Mountain«. Dazu kann man natürlich nicht normales Wasser nehmen. Sie brüht ihn mit Mineralwasser aus ganz bestimmter Quelle.

Je nach Lebensstil kann sich Luxus sehr unterscheiden. Luxus hat immer etwas mit Selbstverwöhnung zu tun. Man macht sich damit selbst eine Freude und bringt Glanz ins Leben.

Im Luxus unterscheiden sich Sparsame, Geizkragen und Verschwender. Sparsame Menschen halten ihr Geld zusammen, kommen mit dem Einkommen aus und erreichen finanzielle Ziele. Sie leisten sich jedoch immer auch Luxus zur Verschönerung ihres Lebens. Geizkragen hingegen lieben das Geld so sehr, dass sie sich selbst nichts gönnen. Sie leben ein entsprechend graues Leben und sind dadurch oft auch missgestimmt. Verschwender halten sich oft selbst für Lebenskünstler. Sie leisten sich pausenlos mehr als gut für sie ist. Sie können den Luxus vor lauter Überfluss nicht mehr richtig wahrnehmen und genießen. Am Ende stehen sie verarmt da, wenn alles Geld weg ist, oder sie werden immer blasierter und gelangweilter, weil sie so viel besitzen, dass das Geld nicht ausgehen kann.

PRAXIS-TIPP

❏ Schreiben Sie doch einmal auf, welchen Luxus Sie sich leisten. Womit machen Sie sich immer wieder eine Freude? Sind es die schicken Markenjeans? Ist es der edle Wein mit Kaviar? Lieben Sie hauchzarte Unterwäsche? Kaufen Sie besonders aufwändige Buchausgaben Ihrer Lieblingsautoren? Stöbern Sie zwischen kostbaren alten Buchbeständen? Hängen bei Ihnen wertvolle Gemälde? Hat Ihr Dackel einen adeligen Stammbaum?

Schreiben Sie bitte auch einmal auf, welchen Luxus Sie sich liebend gerne leisten würden, kämen Sie mit Ihrem Geld besser aus. Nehmen Sie sich dann vor, in Zukunft mit besserem Geldmanagement Ihrem Leben etwas mehr luxuriösen Glanz zu verleihen.

Sie brauchen einen guten Überblick über jede einzelne der fünf Dimensionen. Wenn Sie den haben, können Sie managend eingreifen. Dann können Sie zum Beispiel im Interesse eines speziellen Zieles einmal Gelder aus den Dimensionen Luxus oder Lebensunterhalts umleiten, um schneller ans Ziel zu kommen. Das hat vor einiger Zeit eine ehemalige Kollegin von mir gemacht.

Sonja erkannte, dass sie auf die Dauer keine Lust mehr hatte, in »Lohnsklaverei« zu leben. So nannte sie ihre berufliche Tätigkeit als Angestellte. Sie hasste es, sich Chefs unterordnen und Kollegen anpassen zu müssen. Dabei war sie immer eine engagierte Mitarbeiterin und uns allen eine nette Kollegin. Aber schon die starre Urlaubsplanung ging ihr auf die Nerven. Sie wollte nach eigenen Zeitplänen reisen. Sie ärgerte sich auch über den alltäglichen Stress im Berufsverkehr und wollte viel lieber zu Hause in ihrer großen Wohnung arbeiten. Ganz besonders nervten sie die vielen Arbeitsanweisungen, Dienstvorschriften, die Regeln und Formulare. Sonja wollte »ihr eigenes Ding machen«. Sie träumte von der Eröffnung einer Praxis als Tierpsychologin. Sie schaffte es und ist heute tatsächlich souveräne Herrin ihrer Arbeits- und Freizeit. Sie macht den Job, der für sie viel mehr ist als ein Job. Für sie ist der Beruf inzwischen wieder Berufung. Es macht ihr Spaß, mit Tieren und Tierbesitzern zu arbeiten. Und wohlhabend hat es sie inzwischen auch gemacht.

Sonja begann ihre finanzielle Unabhängigkeit mit dem konsequenten Managen ihres Geldes unter Berücksichtigung aller fünf Dimensionen. Sie schränkte sich im

Luxus drastisch ein. Sie gab das Abo im Fitness-Studio auf und verlegte sich aufs Joggen. Sie kaufte etwa zwei Jahre fast keine neue Kleidung und verzichtete auf Fernurlaube. Sie gab ihren Mittelklassewagen auf und legte sich einen gebrauchten Kleinwagen zu. In der Dimension des Lebensunterhalts schränkte sie sich ebenfalls ein. Sie ging zum Beispiel nur noch jeden zweiten Tag mit in die Kantine und hatte an den anderen Tagen Brote mit. Sie behielt immer ihr Ziel vor Augen, für die Gründung einer eigenen Praxis Eigenkapital von zwanzigtausend Euro zu erwirtschaften.

Nicht ganz zwei Jahre brauchte Sonja, dann konnte sie uns alle zur Eröffnung ihrer eigenen Praxisräume einladen. In den zwei Jahren erwarb sie sich die fachliche Qualifikation als Tierpsychologin und sicherte ihre finanzielle Basis für den Start. Etwa ein halbes Jahr ging die Praxis schleppend. Unser Chef hoffte immer noch, sie werde zurückkommen. Keine Chance. Sonja hatte ihr Geldmanagement auch in den knappsten Zeiten eisern im Griff. Sie musste zwar vorübergehend in der Dimension der Schulden mehr an Belastung als geplant auf sich nehmen, konnte jedoch stets ausreichend Gelder aus den anderen Bereichen zur Tilgung umleiten.

Zur Zeit braucht sich Sonja um die Schuldendimension gar nicht zu kümmern. Sie hat keine mehr. Das nächste große Ziel ist die Trennung von Praxis und Wohnung. Sie will ein Haus kaufen, in dem für beides Platz ist. Sobald sie das Grundkapital besitzt, wird sie kaufen und dann auch wieder die Schuldendimension zu berücksichtigen haben. Für Luxus und Lebensunterhalt hat sie natürlich viel mehr als früher zur Verfügung. Aber dennoch leitet sie jeden Monat einen kleinen Betrag in die Spardimension. Dieses Geld benutzt sie für besondere Anlässe. Einmal musste sie in ihr Auto investieren, einmal hat sie davon ein Seminar für Tierpsychologen in Indien besucht. Sonja hat verstanden, dass sie das Geld, das sie in die Dimension Ihres Zieles leitet, niemals für solche Sonderausgaben nehmen darf. Wenn sie das täte, bestünde immer die Gefahr, dass sie ihr Ziel gar nicht erreicht.

Der wesentliche Grund für den Unterschied zwischen der weiter oben beschriebenen desolaten Finanzsituation von Gaby und dem außerordentlichen Erfolg des Geldmanagements von Sonja liegt im verschiedenen Überblick, den beide Frauen über ihr Geld haben. Gaby hatte keine Ahnung, wo ihr Geld eigentlich blieb. Irgendwie war es immer weg. Da sie außerdem auch noch falsch dachte und immer neue Geldquellen für schnelle Hilfen bei Engpässen suchte, sackte sie immer tiefer in Schulden. Für Gaby wäre es damals völlig unmöglich gewesen, jemals ein Ziel zu erreichen, das Grundkapital erforderlich gemacht hätte. Sonja wusste genau, wohin ihre Geldströme flossen. Sie hatte den Überblick und konnte entsprechend aktiv managen. Ihr erfolgreiches Geldmanagement war somit ein ganz wichtiger Teil ihres Lebensmanagements. Sie verwirklichte sich den Traum der Selbstständigkeit. Interessant ist vielleicht noch: Gaby verdiente bei ihrer Spedition deutlich mehr als die Sekretärin Sonja!

PRAXIS-TIPPS

❏ Machen Sie es sich zum Motto, grundsätzlich mit dem auszukommen, was Sie regelmäßig jeden Monat einnehmen. Freuen Sie sich über jeden Euro, der zusätzlich auf Ihrem Konto oder in Ihrem Geldbeutel landet. Planen Sie jedoch solche Sonderzahlungen nicht mit ein. Auf keinen Fall sollten Sie bereits das Geld verplanen, das Sie noch gar nicht bekommen haben!
Schreiben Sie Ihre Ideen zu den fünf Dimensionen des Geldmanagements auf. Notieren Sie in Stichworten, was Ihnen bezüglich Ihres eigenen Lebens zu den Themen Schulden, Lebensunterhalt, Sparen, Ziele und Luxus einfällt. Was ist Ihnen dabei wichtig? Wo gelingt es Ihnen jetzt bereits gut, mit dem Geld umzugehen? Wo möchten Sie gerne etwas ändern?

1. Schulden	2. Lebens- unterhalt	3. Sparen	4. Ziele	5. Luxus

Ihre Ideen zu den 5 Dimensionen des Geldmanagements

PRAXIS-TIPP

❏ Sprechen Sie mit Ihrer Freundin oder Schwester, mit Ihrem Partner oder mit Kollegen über die fünf Dimensionen des Geldmanagements. Fragen Sie andere, wie sie damit umgehen. Wie sparen andere? Welchen Luxus leisten sie sich? Wie teilen sie sich ihr monatliches Budget ein? Wie planen sie langfristige Ziele? Über Schulden werden die anderen kaum offen sprechen. Aber mit etwas Aufmerksamkeit bekommen Sie sicherlich einiges mit. Lassen Sie sich von guten Ideen anregen, und sehen Sie die Probleme schlechten Geldmanagements als abschreckende Beispiele.

Wie Sie mit Ihrem Einkommen auskommen

Sie haben nun Ihre Ideen zu den fünf Dimensionen des Geldmanagements notiert. Sie haben sich auch vom falschen Denken über mögliche neue Geldquellen verabschiedet und denken stattdessen darüber nach, wie Sie auskommen mit dem, was Ihnen zur Verfügung steht.

Geldprofis empfehlen ihren Kunden in der Regel die Einteilung des verfügbaren Geldes in folgende Bereiche:

- *Lebensunterhalt*
  Das ist das Geld zum »Verbrauchen«. Da professionelle Geldberater in der Regel wohlhabende Kunden betreuen, gehen hier Lebensunterhalt und Luxus ineinander über.
- *Schulden*
  Das ist das Geld für die Tilgung von Schulden.
- *Sparen und sicheres Anlegen*
  Das ist das Geld, das für die Zukunftssicherung und Altersvorsorge vorgesehen ist. Es können festverzinsliche Anlagen sein, aber auch Immobilien. Dieses Geld soll zwar auch möglichst gute Renditen bringen, im Wesentlichen jedoch absolut sicher angelegt sein.
- *Renditeorientiertes Anlegen*
  Das ist das Geld, von dem es immer heißt, es müsse »arbeiten«. Mit diesem Geld wird spekuliert. Es können Aktien gekauft, aber auch Unternehmensgrün-

dungen oder Hotelbauten und Ähnliches finanziert werden. Dieses Geld wird von manchen Profis auch salopp als »Spielgeld« bezeichnet. Wenn die Anlagen gut funktionieren, machen sie den Besitzer reich. Wenn sie nicht die Erwartungen erfüllen, ist das Geld halt »futsch« oder nur noch einen Bruchteil wert.

Geldprofis erleben immer wieder gierige Dummköpfe, die zu viel von ihrem Vermögen in Spekulationen stecken. Das ist gefährlich. Windige Finanzberater empfehlen ihren naiven Kunden sogar, Kredite aufzunehmen, um angeblich demnächst wundervoll steigende Aktien zu kaufen. Solche Spielchen führen oft in den völligen Ruin.

Solide Finanzberater legen großen Wert darauf, dass ihre Kunden budgetieren! Die Budgets für Lebensunterhalt, sicheres und renditeorientiertes Anlegen sollen in einem ausgewogenen Verhältnis stehen. Vor allem aber darf bei möglichen Spekulationsverlusten nicht die Existenz gefährdet sein.

Wenn es Ihnen gelingt, mit Hilfe dieses Buches ein Vermögen aufzubauen, bei dem auch ein Budget für renditeorientiertes Anlegen möglich ist, dann ergänzen Sie einfach den fünfzackigen Stern Ihrer Dimensionen um eine sechste Zacke für »Spielgeld«. Zunächst belassen Sie es am besten jedoch bei den fünf Dimensionen und werden damit erfolgreich in Ihrem Geldmanagement.

Auf das Budgetieren kommt es an! Auch das Management in Unternehmen funktioniert nur, wenn sauber geplante Budgets den Rahmen für das Handeln vorgeben. Unternehmen sind immer in Bereiche oder Abteilungen gegliedert. Die jeweiligen Führungskräfte bekommen bei der Budgetvergabe ihren finanziellen Handlungsrahmen vorgegeben. Sie dürfen nicht mehr ausgeben, als ihnen im Budget zugeteilt worden ist. So funktionieren auch die Budgetverteilungen zwischen den Ministerien. Unsere Regierung lebt uns leider immer wieder vor, wie sie ständig neue Schulden aufnimmt. Das können Sie sich nicht leisten und Unternehmen auch nicht, wenn sie nicht Pleite gehen wollen. Nehmen Sie sich deshalb kein Beispiel an der Regierung, sondern an der Wirtschaft. So wie in einem Unternehmen die einzelnen Abteilungen jeweils ihre Budgets bekommen, so betrachten Sie bitte die fünf Dimensionen als »Abteilungen«, deren Budgets Sie bestimmen und dann im vorgegebenen Finanzrahmen managen.

Ihr Geldmanagement besteht aus fünf Schritten:

1. Sie stellen fest, welches Geld Ihnen überhaupt zur Verfügung steht.

Schauen Sie sich die Kontoauszüge der letzten zwölf Monate an. Was geht monatlich, im Quartal oder jährlich gleich von Ihrem Nettoeinkommen ab? Ihnen steht für Ihre Budgetierung Ihr Einkommen abzüglich Miete, Versicherungen, Abokosten und so weiter zur Verfügung.

2. Sie budgetieren Ihre Dimensionen oder Ausgabenbereiche.

Teilen Sie nun Ihr verfügbares Geld in fünf Teile. Versuchen Sie, möglichst viel von den Schulden möglichst schnell abzubezahlen. Überschlagen Sie die Ausgaben für Ihren Lebensunterhalt. Rechnen Sie hier unbedingt etwas mehr ein, weil im Laufe des Monats vielleicht doch noch unvorhergesehene Kosten auf Sie zukommen können. Eventuell teilen Sie das Budget für den Lebensunterhalt in wöchentliche Teilbudgets ein. Legen Sie das Geld für Ihr Ziel beiseite. Überweisen Sie es gleich auf das entsprechende Sparkonto. Ordnen Sie den Rest den Dimensionen Sparen und Luxus zu.

3. Sie wirtschaften innerhalb der fünf Dimensionen im Rahmen der jeweiligen Budgets.

Achten Sie im Verlauf des Monats darauf, Ihre Budgets genau einzuhalten. Das gilt natürlich vor allem für die beiden, mit denen Sie am meisten arbeiten: Lebensunterhalt und Luxus. Vermeiden Sie möglichst Zugriffe auf Geld, das Sie bereits dem Sparen zugeteilt haben. Das sollte nur im äußersten Notfall passieren. Die Gelder von Schulden und Ziele sind dagegen absolut tabu.

4. Sie kontrollieren am Monatsende die Budgeteinhaltung.

Setzen Sie sich am Monatsende in aller Ruhe hin und schauen sich an, wie es geklappt hat. Sind Sie wie geplant in den vorgegebenen Rahmen geblieben? Haben

Sie irgendwo mehr ausgegeben, als Sie erwarteten? Ist mehr übrig geblieben, als Sie dachten? Welche Erfahrungen haben Sie mit Ihren Budgets und den tatsächlichen Ausgaben im Laufe des Monats gemacht?

Lassen Sie sich nicht beunruhigen, wenn es beim ersten Mal nicht geklappt hat. Das ist normal, wenn man sich eine neue Umgangsweise mit dem eigenen Geld angewöhnt. Sie brauchen mit Sicherheit mehrere Monate, bis Sie Ihr Geldverhalten dem Budgetplan angepasst haben. Sie brauchen auch die Erfahrungen mehrerer Monate, bis Ihre Budgets wirklich realistisch bemessen sind.

Wenn Sie jedoch feststellen, dass Sie mehr ausgegeben haben, als Ihnen überhaupt zur Verfügung stand, dann müssen Sie unbedingt analysieren: Wo war das? Warum ist es passiert? Wie hätte ich das verhindern können? Sie werden dazu im nächsten Kapitel noch einiges lesen. Ganz egal, ob es gleich beim ersten Mal gelungen ist oder nicht, machen Sie sofort weiter mit dem nächsten Monat.

5. Sie planen die Budgets des kommenden Monats.

Planen Sie erneut die Budgets für Ihre fünf Dimensionen, und optimieren Sie Monat für Monat Ihr Geldmanagement.

Die (Schulden-)Berater der Banken machen immer wieder die Erfahrung, dass diejenigen gut mit ihrem Einkommen auskommen, die sich ihr Geld vorab einteilen und im Verlauf des Monats immer wieder kontrollieren, ob ihre geplanten Ausgaben im Rahmen bleiben. Diejenigen, die einfach ausgeben und bei Ebbe im Portemonnaie wieder am Geldautomaten stehen, verlieren den Überblick.

Leider verstehen die Menschen, die den Überblick verlieren, oft gar nicht, warum sie nicht mit ihrem Geld auskommen. Sie achten vielleicht sehr genau darauf, nichts Überflüssiges zu kaufen oder vergleichen sorgfältig die Preise. Es klappt trotzdem nicht und kann auch nicht klappen. Geldmanagement funktioniert nur, wenn es nach den Regeln gehandhabt wird, die sich in erfolgreichen Unternehmen seit Generationen bewährt haben.

PRAXIS-TIPP

❏ Sehen Sie sich als Unternehmerin oder Unternehmer in eigener Sache. Managen Sie Ihre Ausgaben mit Budgets. Benutzen Sie dafür das nachfolgende Formular »Budgets«. Tragen Sie für jede Dimension ein, wie viel Ihnen dort von Ihrem Einkommen zur Verfügung stehen soll.

Wenn für Sie das Arbeiten mit solchen Budgets völlig ungewohnt ist, sollten Sie vor allem beim Lebensunterhalt nicht zu knapp planen. Der Teufel steckt oft im Detail. Sie denken bei der Planung vielleicht nur an Ihre Lebenshaltungskosten. Im Verlauf des Monats werden Sie jedoch zu einem Geburtstag eingeladen und brauchen ein Geschenk. Oder Sie bekommen Besuch, den Sie mehrere Tage bewirten müssen. Oder in diesem Monat ist wieder die neue Jahreskarte für die Badeanstalt fällig. Solche ungeplanten Ausgaben gibt es immer. Sie sind kein Problem, wenn Sie die Dimension Lebensunterhalt mit einem gewissen Puffer budgetiert haben. Im Laufe der Zeit hilft Ihnen die monatliche Kontrolle immer mehr, zu einer wirklich realistischen Planung zu kommen.

Monat:		Einkommen:
Abzüge vom Netto (Miete, Versicherungen etc.):		Verfügbar (Einkommen minus Abzüge):
Dimensionen	Summe	Kontrolle am Monatsende
1. Schulden		
2. Lebens- unterhalt		
3. Sparen		
4. Ziele		
5. Luxus		

Budgets für Ihre Geldplanung

Benutzen Sie dieses Formular mindestens sechs Monate lang. Ich persönlich plane damit auch noch immer und kann mir gar nicht mehr vorstellen, mein Geld anders zu managen. Aber wenn Sie Ihr Geldmanagement eines Tages so gut im Griff haben wie inzwischen meine Freundin Gaby, dann kommen Sie auch ohne die schriftliche Planung aus. Aber verzichten Sie auf keinen Fall jetzt schon darauf.

PRAXIS-TIPP

❏ Sie können den Weg zum erfolgreichen Geldmanagement ganz einfach beschleunigen. Tun Sie etwas, was Ihnen auf den ersten Blick vielleicht kindlich vorkommt. Holen Sie am Monatsanfang komplett das Geld in bar von der Bank, das Sie für Ihren Lebensunterhalt und den Luxus brauchen. Teilen Sie es sich zu Hause in Briefumschlägen für die einzelnen Wochen zu. Nehmen Sie zum Wochenbeginn nur das jeweilige Wochengeld ins Portemonnaie. Geben Sie dann konsequent den ganzen Monat beim Kaufen immer Münzen und Scheine her. Verzichten Sie auf Kreditkarte, Überweisung oder andere Formen des bargeldlosen Zahlungsverkehrs. Erleben Sie wieder sinnlich, was es bedeutet, beim Tanken vierzig Euro und achtzehn Cent aus der Hand zu geben. Gewinnen Sie wieder Nähe zu den Beträgen, wenn Sie sich mal eben einen Pulli für sechzig Euro kaufen oder im Restaurant für zwanzig Euro Pizza und ein Glas Wein zu sich nehmen.

Die Bequemlichkeit des bargeldlosen Einkaufens birgt die Gefahr, dass uns nicht mehr wirklich bewusst wird, wie viel von unserem mühselig verdienten Geld es eigentlich ist, das wir tagein, tagaus hergeben. Das sinnliche Erleben des Sich-Trennens von Münzen und Scheinen kann die Bereitschaft zum Ausgeben deutlich senken.

Etwas besser geht immer

Vielleicht haben Sie bereits mehrere Versuche, mit Ihrem Geld gut auszukommen, hinter sich und sind gescheitert. Vielleicht sind Sie inzwischen sogar der Ansicht, dass es bei Ihnen gar nicht funktionieren kann, weil Sie nicht genug verdienen.

Lassen Sie sich nicht entmutigen! Bedenken Sie bitte, dass es niemandem möglich ist, auf Anhieb ein bisher gewohntes Verhalten umzustellen. Wenn Sie bisher zu oft unüberlegt gekauft oder aus Katalogen bestellt oder sonst wie Ihr Geld schlecht gemanagt haben, dann reicht der Entschluss, das in Zukunft zu vermeiden, nicht aus. Wenn Sie bisher von der falschen »Denke« geprägt waren und stets nach neuen Geldquellen gesucht haben, dann können Sie nicht mal eben Ihr Gehirn umpolen und ab sofort nur noch im Rahmen vorab geplanter Budgets bleiben.

Im nächsten Kapitel erhalten Sie einige Tipps zum Verhaltenstraining. Darum geht es bei Ihrem neuen Geldmanagement nämlich. Sie haben durch Ihre Erziehung, durch selbst erworbene Gewohnheiten, durch Abschauen bei anderen oder durch Verlockungen der Werbung im Laufe der letzten Jahre ein Geldverhalten entwickelt, das sich verfestigt hat und sich nicht so leicht ändern lässt.

Gehen Sie in kleinen Schritten vor. Es macht gar nichts, wenn Sie bei Ihrer Budgetplanung immer wieder erleben, dass Sie die finanziellen Limits nicht einhalten. Wichtig ist, dass Sie am Monatsende immer noch einmal zurückschauen und sich bewusst fragen:

- Wie habe ich im letzten Monat mein Geld gemanagt?
- Was ist mir schon besser als früher gelungen?
- Womit bin ich noch nicht zufrieden?
- Was kann ich tun, damit es im nächsten Monat besser klappt?

Glauben Sie nicht an Wunderversprechen wie »In einem Jahr zur ersten Million«, oder: »Lass dein Geld fließen, dann kommt es in reichen Strömen zu dir.« Schön wäre das, aber so funktioniert es nicht. Halten Sie sich an die kleinen Schritte zu immer besserem Geldmanagement. Nehmen Sie sich nicht auf Anhieb den großen Reichtum vor. Bleiben Sie mit Ihren Erwartungen im realistischen Rahmen.

Kluges Geldmanagement verhilft Ihnen in der Regel in fünf Phasen zum finanziellen Glück:

1. Entlasten von Schulden

Oft setzt man sich ja überhaupt dann erst gezielt mit dem Geldmanagement auseinander, wenn man mit der Zeit immer tiefer in Schulden geraten ist. Schulden, weil man ein Haus gekauft hat, sind nur bei grober Fehleinschätzung ein Problem. Ansonsten hat man ja mit dem Haus den Gegenwert. Problematisch sind die Schulden, die einem durch unkluges Umgehen mit dem Geld über den Kopf wachsen.

PRAXIS-TIPP

❏ Wenn Sie merken, dass Sie gar nicht mehr Briefe öffnen, weil sich in ihnen Rechnungen befinden könnten, dann müssen Sie sofort handeln. Gehen Sie auf der Stelle zur örtlichen Schuldenberatung. Sie sind dann nämlich so weit, dass Sie professionelle Hilfe auch in der Verhandlung mit Ihren Gläubigern brauchen. Die Scheu vor dem Öffnen der Post ist ein typisches Warnsignal! In der Schuldenberatung treffen Sie auf Fachleute, die auf Ihrer Seite stehen. Gehen Sie hin! Man kann alles wieder in richtige Bahnen lenken, wichtig ist, dass Sie aktiv an die Lösung Ihrer Probleme herangehen.

2. Das Auskommen mit dem Einkommen stabilisieren

Wenn die Schulden geregelt sind, folgt die zweite Phase. Mit der »Regelung« der Schulden muss nicht unbedingt gemeint sein, dass sie abgezahlt sind. »Geregelt« kann auch heißen, dass Sie in Ihrer Budgetplanung die Dimension Schulden mit einem monatlichen Betrag berücksichtigt haben und stetig an Ihrer Entschuldung arbeiten.

In dieser Phase geht es um das Training des zuverlässigen Auskommens mit dem monatlichen Einkommen. Das muss ohne Zugriffe auf den Dispo funktionieren, ohne Zuschüsse von der Schwiegermutter und ohne Hoffnungen auf mögliche Steuernachzahlungen, Erbschaften, Weihnachtsgeld oder andere Beträge.

3. Absichern der finanziellen Basis für die Zukunft

Wer monatlich das Auskommen mit dem Einkommen sicher im Griff hat, kann langsam, aber sicher ein Sparpolster aufbauen. Ob es sich um monatlich zwanzig Euro aufs Postsparbuch oder um tausend Euro und mehr handelt, um eine lukrative Kapitallebensversicherung oder um die Anschaffung einer Eigentumswohnung, hängt von den individuellen Möglichkeiten und Zielen ab. Wichtig ist, dass man nicht mehr nur von Monat zu Monat klarkommt, sondern sich für mögliche finanzielle Engpässe in der Zukunft wappnet und zukünftige materielle Ziele anstrebt.

Betrachten Sie die ersten drei Phasen auch in ihren zeitlichen Dimensionen. Der Abbau von Schulden ist rückwärts gerichtet. Das ist eine Last, die man hinter sich lassen möchte. Das Auskommen mit dem Einkommen ist gegenwartsbezogen. Man lebt aktuell mit dem, was man hat. Das Absichern der finanziellen Basis ist auf die Zukunft gerichtet. Man möchte auch in Zukunft seinen jetzigen Lebensstandard halten.

Wenn Sie mit Ihrem Geldmanagement diese drei Phasen bewältigen, sind Sie schon viel weiter als viele andere Menschen, die weiterhin mit ihren Geldsorgen leben.

Die nächsten beiden Phasen stellen bereits die hohe Schule des Geldmanagements dar.

4. Wohlstand

Wenn Sie nicht mehr nur mit dem Einkommen auskommen, sondern auch noch Wohlstand geschaffen haben, dann sind Sie ausgesprochen erfolgreich mit Ihrem
Geldmanagement. Sie beherrschen dann die Kunst der
strategischen Leitung Ihrer Geldströme. Sie können an
der richtigen Stelle sparen und an der richtigen Stelle
investieren. Zum Wohlstand gehört auch der vermehrte
Genuss von Luxus. Sie können sich die guten Dinge leisten, die Ihnen früher noch zu kostspielig waren.

Erstaunlicherweise gehört zum Wohlstand offenbar
auch der zunehmende Verzicht auf Konsum. Dieses Phänomen beobachten viele erfolgreiche Geldmanager. Jahrelang war man frustriert, sich pausenlos aus finanziellen Gründen Wünsche versagen zu müssen, doch kaum
hat man das Geld, will man vieles gar nicht mehr haben.

Zum Wohlstand gehört eben nicht nur der Konsum,
sondern die Freiheit zur Entscheidung: »Will ich das
überhaupt?« Früher gab es diese Freiheit nicht. Es war
ohnehin klar: »Egal, ob ich es will oder nicht, ich kann
es mir sowieso nicht leisten.«

Zum Wohlstand gehört auch der Stolz und das Selbstbewusstsein, sich etwas aufgebaut zu haben, was viele
andere mit vergleichbarer materieller Ausgangslage nie
schaffen werden. Sehr vielen rinnt das Geld durch die
Finger, zu Wohlstand kommen sie nie.

5. Reichtum

Die Grenze zwischen Wohlstand und Reichtum ist flie-
ßend. Es hängt sehr von der individuellen Wahrneh-
mung ab. Manche Menschen könnten sich das ganze
Haus vergolden lassen und wären doch nicht zufrieden.
Sie schielen ständig nach denen, die noch mehr haben.
Andere fühlen sich reich, weil sie endlich dem Chef die
Brocken hinwerfen und ein freies Leben als Dichter oder
Maler führen können.

Sie sind nicht dann reich, wenn Sie von materiellen
Sorgen befreit sind, sondern über mehr Geld verfügen,
als Sie brauchen. Wenn Sie ohnehin keine Villen auf der
ganzen Welt, Segelboote in allen Häfen und Diamanten
am ganzen Körper anstreben, sind sie natürlich schneller reich als die Menschen, die zu ihrem Glück möglichst
viele Straßenzüge von New York besitzen müssen.

PRAXIS-TIPP

❏ Träumen Sie gerne von zukünftigem Wohlstand oder
sogar von Reichtum. Aber lassen Sie sich nicht davon
frustrieren, dass Ihre aktuelle Finanzsituation so weit
vom Reichtum entfernt zu sein scheint. Sie würden
sich zu schnell selbst die Lust am Geldmanagement
nehmen. Überlegen Sie lieber, auf welcher Stufe Sie
jetzt stehen. Wollen Sie erst einmal mit Ihren Schulden klarkommen? Wollen Sie ein Sparpolster aufbau-
en? Wollen Sie Kapital für Ihre Ziele aufbauen?

Legen Sie die Messlatte nicht zu hoch an. Gehen Sie nach dem obigen Budgetplan in kleinen Schritten vor. Freuen Sie sich über jeden Erfolg. Stecken Sie jeden Rückschlag als üblichen Stolperstein weg. Denken Sie immer daran: Es mag am Anfang langsam vorangehen, aber etwas besser wird Ihre finanzielle Situation auf jeden Fall. Wenn sie etwas besser ist, wird sie durch stures und konsequentes Geldmanagement noch besser und noch besser und noch besser ... Auch die Fortschritte stellen sich immer schneller ein.

Meine Freundin Gaby hat es genauso gemacht. Zuerst war sie verzweifelt, als sie merkte, dass ihr auch nach dem Tod ihres alkoholkranken Mannes das Geld durch die Finger rann. »Ich kann nicht mit Geld umgehen«, jammerte sie und hielt das bereits für einen unveränderlichen Charakterfehler oder gar genetischen Defekt. »Etwas besser geht immer, wenn du es wenigstens mal probierst«, hielten wir Freunde dagegen. Und es ging besser. Gaby plante ihre Budgets und hatte schon nach drei bis vier Monaten die Planung und das disziplinierte Einhalten der Pläne im Griff. Als sie das erste Mal mit ihrer Bankberaterin einen Sparauftrag besprach, bei dem am Monatsende immer das Restgeld vom Giro abgeräumt wird, hatte sie noch Zweifel, ob das jemals etwas bringen würde. Schon nach einem Jahr besaß sie ein schönes kleines Sparpolster. Da fing sie bereits an, sich ernsthaft mit dem Gedanken an eine kleine Eigentumswohnung zu tragen. Sie definierte entsprechend ihr Ziel und ist inzwischen auf dem besten Weg, Eigenheimbesitzerin zu werden.

Auch wenn Sie noch denken, Sie können nie so weit kommen, ist eines klar: Geldmanagement lohnt sich auf jeden Fall. Egal, wie ihre finanzielle Situation im Moment ist: Etwas besser geht immer!

Definieren Sie Ihre Geldziele

Gehen Sie jetzt noch einmal zu Ihren Ideen zurück, die Sie oben zu den fünf Dimensionen des Geldmanagements notiert haben. Inzwischen haben Ihre Ideen im Unterbewusstsein gearbeitet. Sie haben mit dem Konzept der Budgetplanung auch eine Strategie zum konkreten Umgang mit Ihrem Geld zur Hand und können sich somit an die Umsetzung wagen.

Denken Sie sich jetzt in die Zukunft hinein:

- Wo wollen Sie in fünf Jahren finanziell stehen?
- Welche Ziele wollen Sie bis dahin erreicht haben?
- Wie weit wollen Sie langfristigen Zielen entgegengegangen sein?
- Von welchen finanziellen Belastungen wollen Sie sich in fünf Jahren befreit haben?
- Welche materielle Basis wollen Sie sich in fünf Jahren aufgebaut haben?

Formulieren Sie bitte schriftlich Ihre Visionen, die Sie in fünf Jahren verwirklicht haben wollen. Lassen Sie sich gerne ein paar Tage für diese Überlegungen Zeit.

Überlegen Sie und schreiben Sie auf, wo Sie heute in einem Jahr stehen wollen:

- Wie weit müssen Sie heute in einem Jahr mit Ihrem Geldmanagement sein, wenn Sie in fünf Jahren das oben Definierte erreicht haben wollen?
- Wie viel von Ihren Schulden soll nächstes Jahr um diese Zeit abgebaut sein?
- Wie viel wollen Sie gespart haben?
- Wie weit wollen Sie Ihrem Ziel entgegengekommen sein?

Am besten nehmen Sie den fünfzackigen Stern und schreiben zu den Dimensionen Ihre Ziele auf. Kleben Sie den Notizzettel mit dem, was Sie in einem Jahr erreicht haben wollen, als Gedächtnisstütze und Motivationshilfe an Ihren Spiegel oder in Ihren Terminplaner oder dorthin, wo Sie ihn regelmäßig vor Augen haben.

Rechnen Sie anschließend aus, welche Konsequenzen Ihre Zielvorstellungen für die Budgetierung Ihres Einkommens haben müssen. Füllen Sie nun für den kommenden Monat das Formular »Budgets« aus. Arbeiten Sie nach diesem Plan mit Ihrem Geld.

Sie werden vielleicht nach zwei oder drei Monaten feststellen, dass Sie Ihre Ziele nicht ganz erreichen werden. Versuchen Sie, eisern dranzubleiben. Auch wenn Sie es nicht schaffen, sollten Sie den Ehrgeiz haben, wenigstens so nah wie möglich an das heranzukommen, was Sie sich für heute in einem Jahr vorgenommen haben.

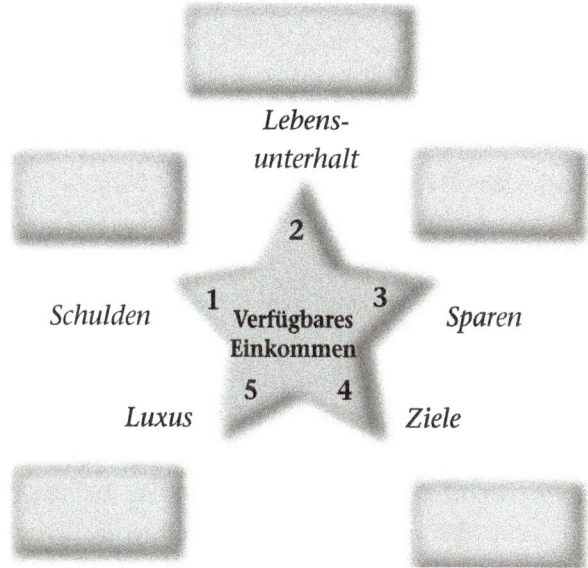

Ihre Ziele zu den 5 Dimensionen des Geldmangements

PRAXIS-TIPP

❏ Es kann sinnvoll sein, an dieser Stelle das Buch erst einmal für drei Monate zur Seite zu legen. Üben Sie sich im Geldmanagement mit Hilfe der Budgetierung. Wenn Ihnen das nach drei Monaten fast zur Routine geworden ist, machen Sie mit diesem Buch weiter.

Sichern Sie
Ihre Startposition

Stellen Sie Ihre Ausgangslage fest

Sie haben durch die Budgetierung eine gute Struktur für das Management Ihres Geldes bekommen. Sie geben nicht mehr einfach nur aus, sondern teilen sich ein, wie viel Geld Ihnen für bestimmte Dinge tatsächlich zur Verfügung steht.

Wenn Sie nun einige Zeit mit den Budgets gearbeitet haben, werden Sie vielleicht auch erkannt haben, dass Sie sich in einigen Dingen bisher verschätzt haben. Das geht uns allen so. Man denkt, man käme in Bezug auf den Lebensunterhalt mit einem bestimmten Betrag aus, muss dann aber feststellen, dass es doch nicht reicht. Manchmal weiß man im Nachhinein gar nicht mehr, wo man eigentlich mehr ausgegeben hat als geplant. Vielleicht fällt einem dann doch noch ein: Da war das Geburtstagsgeschenk für die Freundin oder die Gebühr für den Kurs bei der Volkshochschule oder die Kosten für die Party. Vielleicht fällt es einem nicht mehr ein, und man fragt sich: »Habe ich Geld verloren oder ist es mit gestohlen worden?«

Die Gefahr von ungeplanten Ausgaben besteht darin, dass man sich durch die Budgetüberschreitungen entmutigen lässt. Man hat so schön geplant und kommt dann doch nicht damit hin.

Lassen Sie sich nicht entmutigen, wenn Sie Ihre Budgets für Lebensunterhalt und Luxus nicht auf Anhieb einhalten können. Das ist normal. Geldausgeben gehört so sehr zum Alltag, dass Sie vermutlich gar nicht immer darauf achten, und plötzlich wissen Sie nicht mehr, wieso schon wieder zwei große Scheine »futsch« sind. Noch schwieriger wird es durch Kreditkarten. Ganz schnell und bequem tippt man mal eben die Geheimnummer ein oder unterschreibt ein kleines Zettelchen, und schon ist wieder Geld weg.

Die Grundlage für ein gelungenes Geldmanagement ist jedoch ein klares Wissen über Ihre Ausgangslage. Ihre Ausgangslage beinhaltet dreierlei:

1. Sie müssen genau wissen, über wie viel Geld Sie verfügen.

Dazu halten Sie auf Ihrer Budgetplanung fest, welches Nettoeinkommen Sie haben und was automatisch an Abzügen gleich wieder abgeht. Mit dem, was nach Miete, Versicherungsraten und so weiter übrig bleibt, können Sie managen.

2. Sie müssen Ihre Dimensionen kennen.

Dazu haben Sie sich für Ihre Budgetplanung durch den Kopf gehen lassen, welchen Lebensstil Sie führen, welche Schulden Sie loswerden, welche Ziele Sie erreichen und welchen Luxus Sie genießen wollen.

Geldmanagement ist ein wesentlicher Teil des Lebensmanagements. Das bedeutet, dass Sie über Ihr tägliches Leben nachdenken, aber auch Pläne für Ihre Zukunft schmieden. Entsprechend teilen Sie sich Ihr Geld ein.

3. Sie müssen Ihr bisheriges Ausgabeverhalten genau kennen.

Von allen Seiten ruft uns die Werbung zu: »Kaufen!« Wenn Sie durch die Stadt gehen oder durch die Geschäfte bummeln, sehen Sie tolle Klamotten in den Schaufenstern, riechen Sie herrliche Backwaren, lesen Sie interessante Buchtitel, hören Sie Musikfetzen von neuesten CDs ... Niemand kann den Verlockungen ständig widerstehen. Das ist auch nicht notwendig. Sie wollen und sollen sich etwas gönnen. Wichtig ist, dass Ihnen die Ausgaben nicht aus dem Ruder laufen.

Damit das nicht passiert, beobachten Sie sich einmal im Laufe der nächsten Zeit selbst: Wann und wo geben Sie wie viel für was aus? Wenn Sie bewusst Ihr aktuelles Konsumverhalten beobachten, werden Sie zukünftige Budgetplanungen optimaler auf Ihren realen Lebensstil abstimmen können. Sie werden auch erkennen, wo Ihnen bisher das Geld zu leicht durch die Finger rann und wo Sie bisher Ausgaben unterschätzt haben.

Bitte machen Sie sich die Mühe, und führen Sie diesen Ausgabenspiegel für drei Monate. Sie sollten wirklich

PRAXIS-TIPP

❏ Verschaffen Sie sich einen genauen Überblick über Ihre aktuellen Ausgaben für Lebensunterhalt und Luxus. Das mag lästig sein, ist jedoch eine notwendige Voraussetzung für ein perfektes Geldmanagement. Keine Sorge, wenn es nicht Ihr Stil ist, sich auf Dauer mit einem »Haushaltsbüchlein« zu befassen, dann brauchen Sie das auch nicht zu tun. Es ist aber für Ihren neuen Lebensstil mit optimiertem Geldmanagement wichtig, dass Sie genau wissen, in welchen Situationen Sie wie viel Geld ausgeben. Gehen Sie wie folgt vor: Nehmen Sie das Formular »Ausgabenspiegel« und kopieren Sie es sich jeweils für einen Monat heraus. Haben Sie die Kopie im Laufe der nächsten drei bis fünf Monate stets bei sich. Tragen Sie beim Einkaufen oder im Café immer sofort ein, wie viel Sie wofür ausgegeben haben. Entscheiden Sie im Einzelfall, ob Sie nur »Lebensmittel« schreiben oder die Milchtüten, Kaffeefilter etc. extra auflisten. Das hängt davon ab, ob Sie von sich selbst wissen: »Ich kaufe spontan zu viel ein und verliere im Detail den Überblick über die Kosten.« Oder: »Ich kaufe im Supermarkt sowieso nur, was ich wirklich brauche.« Schreiben Sie auch dazu, ob Sie bar, mit Karte oder per Überweisung bezahlen. Außerdem sollten Sie festhalten, ob es sich um einen Posten aus dem Budget Lebenshaltung oder Luxus handelt.

von jedem Cent wissen, wo er geblieben ist. Rechnen Sie im Laufe des Monats immer mal wieder durch, ob Sie noch wie geplant im Rahmen der Budgets für Lebenshaltung und für Luxus bleiben. Falls Ihnen ein ganzer Monat zu lang ist, können Sie Ihre Budgets und Ihren Ausgabenspiegel auch auf Wochenbasis führen.

Ausgabenspiegel für Lebensunterhalt und Luxus					
Monat:		Budget Lebensunterhalt:			Budget Luxus:
Da-tum	Artikel / Ausgabe	Be-trag	Zah-lungs-weise	Dimension	Zwi-schen-summe
2.5.	Lebens-mittel	18,47	bar	L-Unterhalt	18,47
3.5.	Eiscafé	6,40	bar	Luxus	24,87

Nach drei Monaten sollten Sie einen guten Überblick über Ihre Ausgangslage haben. Sie kennen Ihr bisheriges Geldverhalten und sehen auch, wo Sie sich bislang verschätzt haben. Sie haben sicherlich auch erkannt, an welchen Stellen Ihr bisheriges Ausgabeverhalten noch nicht optimal ist. Sie sehen Punkte, an denen Sie die Hebel für ein besseres Auskommen mit dem Einkommen ansetzen können. Das macht es Ihnen auch möglich, durch optimiertes Ausgabeverhalten schneller von Schulden loszukommen, schneller ein Sparpolster aufzubauen und schneller große Lebensziele zu erreichen. Besseres Geldmanagement ist besseres Lebensmanagement!

Wo sind die Löcher in Ihrem Sparstrumpf?

Sie haben Ihre Budgets geplant und Ihr tägliches Geldausgeben beobachtet. Ist Ihnen dabei etwas Besonderes aufgefallen? Haben Sie herausgefunden, wo Ihr Geld eigentlich bleibt? Haben Sie entdeckt, wo Ihnen fast unbemerkt kleinere oder größere Beträge davonrinnen? Eventuell war Ihnen auch schon vorher klar, an welchen Stellen Sie leicht in Versuchung fallen, zu viel auszugeben. Sie haben es durch den Ausgabenspiegel nun auch mit genauen Zahlen vor Augen. Schauen Sie sich die folgenden Beispiele an. Manches kennen Sie vielleicht aus Ihrem eigenen Verhalten.

Bevor ich damals mein Geldmanagement ernsthaft in die Hand genommen habe, wollte ich zwar auch immer sparen, war dabei aber nie so erfolgreich wie gewünscht. Mein großes »Loch im Sparstrumpf« war das Bücherkaufen. Ich war immer eine begeisterte Leseratte und wurde schon als Kind von meinen Eltern ermuntert, viel zu lesen. Bücher waren und sind meine Leidenschaft. Wenn ich könnte, wie ich wollte, säße ich an Sommertagen nur auf dem Balkon, Füße auf dem Geländer, Buch auf dem Schoß. An kühleren Tagen säße ich lesend im Wintergarten oder im Ohrensessel. Meine Urlaube könnte ich wunderbar mit Büchern am Strand oder lesend in südländischen Bistros verbringen.

Das Lesen als Leidenschaft ist mir auch heute noch lieb, aber nicht mehr ganz so teuer wie zuvor. Die Lust am Lesen hat bei mir im Laufe der Jahre ein fast suchtartiges Bücherkaufen ausgelöst. Wie viele Leseratten konnte auch ich nie beim Stadtbummel an einem Buchladen vorbeigehen. Auch wenn ich gar nicht die Absicht hatte, mir neue Bücher zu kaufen, bin ich immer hinein und habe mich umgeschaut, was es so Neues gab. Mal habe ich hier ein paar Zeilen gelesen, mal dort. Dann fand sich plötzlich ein neues Werk meiner Lieblingsautorin, dann lag dort ein ganz wichtiger Titel, den ich für meinen Job dringend brauchte. Ich habe es fast nie geschafft, ohne Bücherkauf wieder auf die Straße zu kommen. Leider musste ich dann zu Hause die Neuerwerbungen auf den Stapel der Bücher legen, die bereits ungelesen herumlagen. In meinem Arbeitszimmer, im Wohnzimmer, neben dem Bett und überall stapelten sich Bücher, die mich brennend interessierten, auf die ich mich schon freute, die endlich zu lesen ich jedoch nicht die Zeit hatte. In jedem Urlaub war mein Koffer voll mit Büchern. Das hielt mich natürlich nicht davon ab, auf dem Flughafen, am Bahnhof oder am Zielort gleich noch weitere Bücher zu kaufen. Wenn ich zum Beispiel mit zwanzig ungelesenen Büchern in den Urlaub fuhr, kam ich mit hoher Wahrscheinlichkeit mit vierzig Büchern zurück, davon mehr als zwanzig immer noch ungelesen.

Irgendwann erkannte ich, dass das Bücherkaufen bei mir zu einer Sucht geworden war. Das ärgerte mich natürlich wegen des Geldes. Der Versuch, in Antiquariaten und auf Flohmärkten auf Schnäppchensuche zu gehen, änderte gar nichts. Dadurch wurden nur die ungelesenen Stapel zu Hause höher. Ich konnte gar nicht auf die Atmosphäre von Buchläden verzichten. Ich war weiterhin ständig neugierig auf Neuerscheinungen.

Was mich auch zunehmend belastete, war ein Gefühl wie bei unerledigten Hausaufgaben: Bücher, die ich gekauft, aber noch nicht gelesen hatten, bereiteten mir ein schlechtes Gewissen.

Mir wurde klar, dass ich mein Geldverhalten in Bezug auf meine Leseleidenschaft einfach besser in den Griff bekommen musste. Meine Freundin brachte es einmal höchst drastisch, aber damit auch heilsam auf den Punkt: »Die wertvollste Literatur ist nichts als Altpapier, wenn du sie nur kaufst, aber nicht liest.« Ich protestierte selbstverständlich: »Ich lese das noch!« Darauf sagte sie eiskalt: »Was du hier liegen hast, reicht als Lesevorrat für zwei bis drei Jahre. Und dann überlege mal, was du im Laufe der nächsten Wochen an weiteren Büchern anschleppst. Auch wenn du zweihundert Jahre alt wirst, hast du nie die Chance, alles zu lesen, was du an Literatur nach Hause schleppst.«

Mit einem Mal wurde mir klar, dass ich mir finanziell Schaden zufügte und zusätzlich unnötigen Stress machte. Ich musste lernen, mein Bücherkaufen auf ein Maß zu reduzieren, bei dem ich nur noch so viel kaufte, wie ich auch lesen konnte. Das war nicht einfach! Nach wie vor zog es mich bei jedem Stadtbummel wie magisch in die Buchläden. Nach wie vor konnte ich keinen Buchladen verlassen, ohne mindestens ein Buch zu finden, das ich unbedingt ganz dringend haben wollte.

Meiner Freundin Bärbel ging es mit CDs so wie mir mit den Büchern. Bei ihr kam auch noch die Bequemlichkeit hinzu, ganz einfach via Internet zu bestellen. Damit sich die Versandkosten auch lohnen sollten, bestellte sie nie nur die eine CD, um die es ihr ursprünglich ging, sondern gleich noch etliche andere hinzu.

In unserem Kirchenchor ist Wolfgang auf Schnäppchenjagd spezialisiert. Ganz egal, ob er die Schränke voller Kleidung hat, er muss unbedingt zu Outlets und Fabrikverkäufen. Dafür fährt er bis nach Süddeutschland. Da sich auch hierbei die Fahrtkosten rentieren sollen, kauft er gleich ein paar Hosen und Hemden mehr als geplant. Die Sachen waren so günstig, da konnte er sie auf keinen Fall liegen lassen! Alles beste Designerware zum halben Preis!

Christa ist von Geschenkläden fasziniert: Edel verpackte Tees mit kleinen Zuckerbeutelchen, Porzellangänse mit passenden Küchentüchern, Kerzen mit farbharmonischen Servietten, Seidenrosen im altenglischen Stil und andere Wohnaccessoires haben es ihr angetan. Selbstverständlich ist Christas Wohnung voll mit tausend hübschen Dekorationen. »Nippes« dürfte man nicht sagen, weil alles so edel und geschmackvoll ist. Eigentlich bräuchte sie gar nichts mehr für die Wohnung kaufen. Aber dann sieht sie die herrlichen Sofakissen oder die süßen Serviettenringe ... Wenn sie gar nicht mehr weiß, wohin mit den tausend kleinen Dingen, dann steht sie grübelnd im Laden und fragt sich: »Wem könnte ich das schenken?« Aber eines ist klar: Kaufen muss sein. Die Sachen sind einfach zu schön.

Mein Mann war und ist leidenschaftlicher Einkäufer auf Wochenmärkten. Das wäre kein Problem, käme bei ihm nicht immer wieder die Neigung durch, sich für eine nicht vorhandene Großfamilie einzudecken. Als Araber kennt er Einkäufe von Obst, Gemüse oder Reis nur kisten- oder säckeweise. Es widerspricht seiner Natur, für uns beide lediglich vier Äpfel und zwei Apfelsinen zu kaufen, ein halbes Brot und sechs Eier. Immer wieder mussten wir vergammelte Lebensmittel wegwerfen, weil wir einfach nicht die Vorräte aufbrauchen konnten, die er vom Markt anschleppte.

Kirsten verliert viel Geld dadurch, dass sie pausenlos ihren Neffen etwas zukommen lassen möchte. Sie kauft ihnen neue Kleidung, lädt sie zum Essen ein, finanziert ihnen die Ferienreisen und Autos. Sie spielt die wohltätige Tante, die halt mehr Geld zur Verfügung hat als die allein stehende Mutter. Ständig denkt sie darüber nach, was sie den Neffen als nächstes kaufen oder bezahlen könnte. Dass Kirsten versucht, sich Liebe zu kaufen, will sie nicht hören. Oder braucht sie das Gefühl, eine Wohltäterin zu sein? Oder macht es ihr Spaß, gegenüber der älteren Schwester und Kindheitsrivalin zu demonstrieren, dass sie mehr Geld und auch ein besseres Verhältnis zu den beiden Jungen hat?

Warum kauft mein Mann so gerne in großen Mengen Lebensmittel ein? Ist es reine Gewohnheit? Sehnt er sich tief im Herzen nach einer Großfamilie? Kauft Christa so gerne Deko- und Geschenkartikel aus purer Langeweile? Oder ist ihr Leben so farblos, dass sie durch den Kauf dieser hübschen Dingen einen Ausgleich schaffen möchte? Vielleicht steckt auch ein Nestbauinstinkt hinter dem fast unstillbaren Trieb nach Dekogegenständen? Geht Wolfgangs Schnäppchenjägerei auf uralte Beuteinstinkte und Jagdleidenschaft zurück? Kaufen Bärbel und ich so gerne CDs und Bücher, weil wir uns via Musik oder Literatur in heile Fantasiewelten flüchten wollen? Oder treibt uns die anerzogene Bildungsbeflissenheit?

Es ist nicht unbedingt erforderlich, tiefenpsychologisch den Ursachen für Ihr Kaufverhalten auf den Grund zu gehen. Wichtig ist, dass Sie Ihr eigenes Kaufverhalten einmal bewusst beobachten und eventuelle Schwächen erkennen. Denn dann sind Sie in der Lage, etwas zu ändern und einen neuen Kurs in puncto Geld einzuschlagen. Sollten Sie jedoch spüren, Ihr Kaufverhalten nicht allein in den Griff bekommen zu können, dann scheuen Sie sich bitte nicht, Beratungsangebote oder psychologische Hilfen in Anspruch zu nehmen. Machen Sie sich bewusst, wo bei Ihnen die Risiken liegen, zu viel Geld auszugeben. Vielleicht sind es nicht bestimmte Dinge, die Sie reizen, sondern bestimmte Situationen, die Sie dazu verführen, mehr zu kaufen, als Ihnen lieb ist.

Ich bin zum Beispiel in Zeiten mit extremem beruflichen Stress immer wieder in der Mittagspause schnell shoppen gegangen. Mal kam ich mit einem teuren Pulli ins Büro zurück, mal waren es ein paar Illustrierte. Das Kaufen wurde zum Stressausgleich.

Man weiß, dass vielen Menschen im Urlaub oder während einer Kur das Geld lockerer sitzt als gewöhnlich. Hierin liegt übrigens auch der Erfolg von Duty-free-Shops und von Verkaufsangeboten im Flugzeug. Oft wird dann noch die ohnehin hohe Kaufbereitschaft durch Preisnachlässe angeheizt. Mancher Urlauber kauft bei der Gelegenheit angeblich verbilligte Luxusartikel und denkt sogar, etwas gespart zu haben, obwohl er unter normalen Umständen den Artikel überhaupt nicht genommen und damit gar kein Geld ausgegeben hätte.

Psychologen haben herausgefunden, dass Frauen das meiste Geld ausgeben, wenn sie mit einer Freundin durch die Stadt bummeln. Der Spaß des gemeinsamen Auswählens und Anprobierens hilft scheinbar über die Hemmschwelle hinweg, sich vom Geld zu trennen.

Autoverkäufer wissen, dass Männer in Begleitung ihrer Partnerin sich eher für einen Kauf entscheiden, dabei großzügiger sind und auch möglichst viele Extras nehmen. Allein können Männer ziemlich konsequent bei dem bleiben, was sie vorab zu kaufen geplant hatten.

Auf der anderen Seite neigen Männer oft dazu, sich beim Kleidungskauf ganz schnell ganz viele Teile aufdrängen zu lassen. Ursprünglich sollte es nur ein neuer Anzug sein, aber dann kommen zwei passende Hemden, eine Krawatte, ein Gürtel und eine zweite Hose hinzu. Für Männer bedeutet Kleidungskauf Stress. Kluge Verkäufer nutzen das aus und machen deutlich: »Kaufen Sie gleich alles auf einmal, dann sind Sie den Stress für lange Zeit los.«

Meine Kollegin Annegret hat zwar Zeit genug, sich bei gemütlichen Shoppingtouren in der Stadt mit allem Notwendigen einzudecken, sie kauft jedoch sehr oft Überflüssiges aus Katalogen und inzwischen auch im Internet. Sie will eigentlich gar nichts nehmen. Sie will bloß mal schauen, was es so gibt. Ganz entspannt setzt sie sich mit einer Tasse Kaffee und einem Katalog in den Sessel, fängt an zu blättern und bestellt unweigerlich etwas. »Ich kann es ja problemlos wieder zurückschicken«, redet sie sich ein. Trotzdem platzt der Kleiderschrank aus allen Nähten. Bei jeder Altkleidersammlung entsorgt sie mindestens einen großen Sack fast neuwertiger Kleidung. Warum?

PRAXIS-TIPPS

❏ **Betrachten Sie kritisch Ihr Kaufverhalten.** Sind es bestimmte Dinge, die Sie immer wieder kaufen? Reizen Sie bestimmte Situationen oder Angebotsformen, sich anzuschaffen, was Sie im Grunde nicht brauchen und eigentlich auch nicht haben wollen? Legen Sie den Finger fest auf die Wunde! Formulieren Sie schriftlich, wo bei Ihnen das »Loch im Sparstrumpf« zu finden ist. Wo, wann und wofür geben Sie zu viel aus? Denken Sie daran: Einsicht ist der erste Schritt zur Besserung.

Machen Sie nun auch den zweiten Schritt. Schließen Sie die Augen, und malen Sie sich aus, wie es

ist, wenn das »Loch im Sparstrumpf« endlich gestopft wäre. Wie wäre es, wenn Sie nicht mehr ständig Bücher, CDs, Sonderangebote, Kosmetik, Kleidung, Schuhe, Geschenkartikel, Porzellan ... kaufen
würden? Wie wäre es, wenn Sie nicht mehr beim Ka-
talogdurchblättern und Internetsurfen, in der Mittagspause und beim Stadtbummel immer wieder ir-
gendetwas kaufen würden? Wie würde sich das auf
Ihre finanzielle Situation auswirken? Wäre es nicht
schön, einen übersichtlichen Kleiderschrank, keine
ungelesenen Bücher und keinen Deko-Krimskrams
mehr zu haben? Wäre es nicht wunderbar, schneller als bisher von Schulden herunterzukommen und
schneller als bisher das Geld für wichtige Ziele zu
haben?

❏ Entwickeln Sie von sich selbst das Bild einer souve-
ränen Person, die nur noch kauft, was sie auch kaufen möchte. Malen Sie sich vor Ihrem geistigen Auge
aus, wie Sie in einem Buchladen herumstöbern und
mit leeren Händen an der Kasse vorbei wieder hinaus
auf die Straße gehen. Stellen Sie sich vor, wie es ist,
wenn Sie nicht mehr vom Stadtbummel dick bepackt
mit Tüten nach Hause kommen.

❏ Formulieren Sie schriftlich, was Sie an Ihrem Geldverhalten ändern wollen. Formulieren Sie bitte positiv. Schreiben Sie zum Beispiel nicht: »Ich will nicht
mehr beim Versandhaus bestellen.« Schreiben Sie:

»Ich kaufe nur noch direkt im Geschäft.« Schreiben Sie zum Beispiel nicht: »Ich will nicht mehr so viele Bücher kaufen.« Schreiben Sie: »Ich kaufe mein nächstes Buch erst dann, wenn ich alle gelesen habe, die bereits im Regal auf mich warten.«

Leiden Sie unter dem Madame-Bovary-Syndrom?

Der französische Schriftsteller Gustave Flaubert (1821 bis 1880) hat den Roman »Madame Bovary« geschrieben. Dabei geht es um eine Frau, die ein ödes Eheleben führt. Sie ist gelangweilt, frustriert und fühlt sich unverstanden. Als Ausgleich stürzt sie sich in Affären oder geht einkaufen. Nach dieser Romanfigur sprechen Psychologen von einem »Madame-Bovary-Syndrom«, wenn vor allem Frauen aus Langeweile, Einsamkeit, Mangel an Liebe oder mangelndem Selbstwertgefühl einkaufen gehen. Kaufen ist Trost, Selbstverwöhnung und Ausgleich für die öde Leere des Lebens. Häufig soll das Gekaufte auch den eigenen Wert steigern. Von neuen Kleidern, Schmuck und Kosmetik wird Schönheit erhofft. Teure Accessoires sollen das Prestige heben. Andere Dinge werden gekauft, um die Zugehörigkeit zu einer bestimmten Gesellschaftsschicht zu manifestieren. Manchmal werden auch Minikäufe in prestigeträchtigen Mode- oder Kosmetikläden getätigt. Dann soll die oft noch wochenlang demonstrativ getragene Tüte des Geschäftes das Selbstbewusstsein steigern.

Das »Madame-Bovary-Syndrom« reißt insbesondere Frauen womöglich riesige Löcher ins Budget, kommt den Geschäften jedoch wunderbar entgegen. Betreiber von Einkaufszentren und Kaufhäusern lassen sich heute von Psychologen beraten. Sie tun alles, um uns Kunden ein »Kauferlebnis« zu bieten. Schöne Shops,

Hintergrundmusik, Probierecken, kleine Shows, Cafés, attraktive Zonen zum Ausruhen und gezielte Beduftung von Waren und Räumen sollen uns in die Tempel des Konsums locken. Wenn man erst mal drin ist in der lustvollen Welt der wunderschönen Dinge, dann wird auch gekauft. Ganz egal, ob man nur wegen ein paar Nudeln oder anderer Kleinigkeiten losgegangen ist, man kann kaum verhindern, dass man auch noch das hübsche T-Shirt mitnimmt oder die praktischen Mappen für das Heimbüro oder die superschicken Schuhe. Zu Hause wundert man sich dann, was man alles gekauft hat. Obwohl man mehr Geld ausgegeben hat als geplant, geht man bald wieder los. Es ist einfach so schön im modernen Shopping-Center. Es gibt so viel zu sehen. Man trifft Leute und kann sich über Neues informieren. Man kann aussuchen, Kaffee trinken, dem Regenwetter entkommen und schauen, was die neue Mode bringt. Es gibt keine Langeweile. Regelmäßiges Neudekorieren sorgt für Abwechslung. Dennoch bleibt das Gesamtkonzept stabil, so dass man sich bei jedem neuen Besuch auf Anhieb auskennt und heimisch fühlt. Ein Nachmittag im Einkaufszentrum ist voller Eindrücke für alle Sinne. Man sieht, hört, riecht und darf anfassen. Für den kleinen Hunger gibt es auch genug. Man kann Leute anschauen und sich selber im schicken Outfit zeigen. Man fühlt sich mitten im Leben!

Bitte denken Sie einmal über das Wort »Kauferlebnis« nach! Ursprünglich ist es doch wohl so, dass wir bestimmte Dinge brauchen oder gerne haben möchten. Also machen wir uns auf den Weg und kaufen ein. Wir trennen uns vom Geld und bekommen dafür den Gegenwert in Waren. Der Sinn des Kaufens ist schlichtweg die Beschaffung notwendiger oder zur Kategorie des Luxus gehörender Güter. Was soll dann ein »Kauferlebnis« sein? Bei einem »Kauferlebnis« ist es fast egal, was man an Dingen beschafft. Das Kaufen selbst wird zur Attraktion. Kein Wunder, dass einem dabei das Geld wegläuft! Jeder Einkauf ist ein kleiner Kick. Die Befriedigung hält leider nicht lange vor. Also ist die Folge: neuer Einkauf – neuer Kick. Und weg ist das schöne Geld!

Nichts gegen die Lust am Bummel in Fußgängerzonen, Einkaufsparadiesen und Konsumtempeln. Es ist völlig in Ordnung, wenn uns die Geschäftsleute eine schöne Atmosphäre bieten, um bei ihnen und nicht bei der Konkurrenz einzukaufen.

Ganz wichtig ist jedoch für uns alle, dass wir nicht wie Madame Bovary mit dem Kaufen Liebe, Selbstbewusstsein oder sinnvolle Beschäftigung ersetzen wollen. Wir müssen immer noch Herrin oder Herr der eigenen Kaufentscheidungen bleiben. Es schadet uns, wenn wir unser knappes und mühselig erarbeitetes Geld in »Kauferlebnissen« vergeuden. Da muss es doch bessere Erlebnisse geben!

PRAXIS-TIPP

❏ Wenn Sie selbst den Eindruck haben, dass Sie aus Frust oder Einsamkeit einkaufen, gehen Sie am besten in folgenden Schritten vor:

1. Analysieren Sie wie oben beschrieben Ihre »Löcher im Sparstrumpf«.
Stellen Sie fest, was bei Ihnen das Kaufen von Überflüssigem auslöst, und versuchen Sie zunächst mit eisernem Willen von Tag zu Tag das Kaufen zu reduzieren. Dabei wird Ihnen das Arbeiten mit Budgets und Ausgabenlisten helfen. Es hilft Ihnen auch, wenn Sie klare Ziele für Ihr Geld vor Augen haben. Außerdem erhalten Sie in den nächsten Kapiteln noch weitere Tipps für das kluge Geldmanagement (siehe S. 127 ff.).

2. Agieren Sie seelisches Missbehagen oder Langeweile körperlich aus.
Innere Leere, Traurigkeit, Einsamkeit und Frust belasten nicht nur seelisch. Auch der Körper wird immer müder und lustloser. Dem können Sie erfolgreich entgegenwirken. Suchen Sie sich eine sportliche Betätigung, bei der Sie etwa dreißig Minuten jeden Tag gleichmäßig in Bewegung sind. Radeln Sie, gehen Sie zum Schwimmen oder traben Sie im leichten Dauerlauf um das Viertel. Der Sinn der Sache ist es,

Stresshormone abzubauen. Gleichzeitig kommt der Kreislauf in Schwung. Sie werden fit und aktiv. Das Gefühl der körperlichen Fitness hebt die Stimmung. Sie brauchen den Kick durch das Kaufen nicht mehr oder wenigstens immer seltener.

3. Suchen Sie sich eine kreative Aufgabe.

Das kreative Schaffen gehört zu den besten Lustbringern überhaupt. Malen Sie, schreiben Sie Gedichte oder entwerfen Sie Kleider. Entwickeln Sie neue Rezepte, gestalten Sie Ihren Garten um oder erfinden Sie ein PC-Spiel. Schauen Sie sich gezielt nach Ideen um, suchen Sie den Kontakt zu Menschen mit ähnlichen kreativen Interessen. Dafür ist nicht zuletzt die Volkshochschule eine wahre Fundgrube. Sie können auch tolle Kontakte über das Internet knüpfen. Reden Sie mit anderen darüber, was sie machen, wie sie zu Ideen kommen und was sie schon ausprobiert haben. Je mehr Sie sich mit kreativen Ideen beschäftigen, desto seltener kreisen Ihre Gedanken um Dinge, die es zu kaufen gibt.

4. Suchen Sie sich eine soziale Aufgabe.

Ob Sie sich in der Nachbarschaftshilfe engagieren, ehrenamtlich im Museum arbeiten, Mitglied im Kirchenchor werden oder einen Schachclub gründen, hängt von Ihrem Interesse ab. Wichtig ist, dass Sie sich eine Aufgabe suchen, die der Gesellschaft dient und Sie in Kontakt mit anderen Menschen bringt. Es darf sich auch nicht um eine Tätigkeit handeln, zu der Sie mehr oder weniger verpflichtet sind! Die Pflege der eigenen alten Mutter ist zum Beispiel nicht gemeint. Bei aller Liebe sind solche Verpflichtungen eher stressvermehrend. Eventuell kann es notwendig sein, sich davon regelmäßig stunden- oder auch tageweise zu entlasten. Das völlig freiwillige soziale Engagement baut dagegen nachweislich Stress ab und löst die Produktion von Glückshormonen aus. Das sind »Kicks« mit besserer Dauerwirkung als die schnelle Befriedigung beim »Kauferlebnis«.

5. Pflegen Sie liebevoll Ihre Besitztümer.

Spülen Sie Ihre geliebten Tassen von Hand. Waschen Sie Ihre feinen Pullis in weicher Lauge. Polieren Sie einmal den Spiegel richtig auf Hochglanz.

Ihr Unterbewusstsein erhofft sich von jedem Kauf eine Befriedigung. Sie kaufen sich zum Beispiel einen Pullover, obwohl Sie schon mehr als ein Dutzend im Schrank haben. Der neue Pullover soll irgendein Glück bringen, was bereits die vorhandenen nicht geschafft haben. Aber schon nach kurzer Zeit kann auch der neue Pullover keine Befriedigung mehr schenken. Und wieder muss ein neuer her.

Im Grunde läuft immer das gleiche Spiel ab: Etwas

Neues wird angeschafft, vielleicht zu Hause oder vor Freundinnen stolz vorgezeigt, begeistert benutzt und bald wieder abgelegt zu den Dingen, die schon ungenutzt herumliegen. Erfreuen Sie sich doch einmal mit dieser Begeisterung an den Dingen, die Sie bereits besitzen. Fassen Sie die Sachen an, fühlen Sie das Material, erfreuen Sie sich an ihrer Schönheit. Je lustvoller Sie Ihre Besitztümer genießen, desto weniger lockt es Sie hinaus auf die Pirsch nach neuen schönen Dingen.

Neues Geldmanagement ist Verhaltenstraining

Sie haben sich nun eine gute Startposition für den Aufbau Ihres neuen Geldmanagements geschaffen. Sie wissen genau, wie viel Geld Ihnen zum Managen zur Verfügung steht. Sie kennen die fünf Dimensionen, um die sich Ihr Management dreht. Sie haben außerdem den Umgang mit Budgetplanung geübt und dabei Ihr bisheriges Geld- und Ausgabeverhalten reflektiert.

Auf dieser Basis können Sie nun konsequent starten, Ihr Geldmanagement und damit auch einen wichtigen Teil Ihres täglichen Lebens zu optimieren. Die Vorteile liegen auf der Hand: Ende der Geldsorgen, mehr Geld in der Tasche und das beruhigende Gefühl eines Sparpolsters. Außerdem schaffen Sie sich Schulden vom Hals und bauen die materielle Grundlage für wichtige Lebensziele.

Ihr neues Geldmanagement braucht natürlich ein anderes Verhalten im Umgang mit Geld als bisher. Es ist nicht immer leicht, ein Verhalten zu ändern, das Sie sich vielleicht über Jahre oder Jahrzehnte angewöhnt haben. Bequemer wäre es, wenn Sie einfach so weitermachen könnten wie gewohnt, und trotzdem würde sich das Geld irgendwie vermehren oder sich nach dem Ausgeben im Portemonnaie auf geheimnisvolle Weise immer wieder neu bilden. Schön wäre auch ein Goldesel wie im Märchen oder eine Gans, die goldene Eier legt. Vielleicht spielen Sie im Lotto und hoffen immer noch auf den großen Gewinn. Es nützt nichts. Sie müssen sich umstellen und damit zu Beginn Irritationen und Unbequemlichkeiten in Kauf nehmen. Mit dem Verhalten, mit dem bisher Ihr Geld zu leicht verschwunden ist, werden Sie nicht plötzlich Ihr Geld festhalten können.

Psychologen sprechen von vier Phasen der Veränderungsbereitschaft. Dabei kann es sich um neues Essverhalten im Interesse der Figur, um das Aufgeben des Rauchens oder eben auch um neues Geldmanagement handeln. Die Phasen laufen immer in gleicher Weise ab:

1. Blindheit

Die betreffende Person erkennt gar nicht die Notwendigkeit einer Veränderung. Angehörige, Freunde oder Kollegen machen gelegentlich Bemerkungen wie: »Du könntest mal abnehmen.« »Deine Lunge sieht bestimmt schon rabenschwarz aus.« »Wirf doch nicht so das Geld zum Fenster raus.«

Bei der betreffenden Person stoßen solche Bemerkungen auf taube Ohren, oder sie hält sie für Unsinn. Sie denkt sich: »So dick bin ich gar nicht.« »Ich bin nicht zu fett, ich habe schwere Knochen.« »Zu mager ist auch nicht gesund.« »Mein Opa hat täglich dreißig Zigaretten geraucht und ist auch neunzig Jahre alt geworden.« »Ich rauche doch nur light und fast nie auf Lunge.« »Wenn ich an die verdreckte Luft denke, die wir sowieso einatmen, dann kann ich auch rauchen.« »Wofür soll ich sparen? Ich lebe jetzt!« »Ich will kein graues Sparmausleben führen. Ich will genießen.« »Geiz liegt mir nun mal nicht.«

2. Erkenntnis

Mit der Zeit kommt der betreffenden Person dann doch die Erkenntnis, dass sie eigentlich sehr wohl etwas ändern sollte. Sie sagt sich selbst: »Ich müsste mal abnehmen.« »Ich sollte vielleicht doch mal mit dem Rauchen aufhören.« »Ich sollte mein Geld besser zusammenhalten.«

Aber noch kann sich die betreffende Person nicht aufraffen, wirklich etwas zu ändern. Ja, irgendwann wird sie ganz bestimmt den Vorsatz fassen und dann auch umsetzen. Nur im Moment ist es ungünstig. »Ich fange doch jetzt so kurz vor Weihnachten keine Fastenkur an.« »Jetzt mitten im Stress der Hochsaison kann ich nicht auch noch das Rauchen aufgeben.« »Nächsten Monat kommt ja noch das Urlaubsgeld, damit gleiche ich den Dispo wieder aus.«

Oft werden in dieser Phase Termine gesetzt: »Gleich nach Weihnachten gehe ich zu den Weight Watchers.« »Silvester rauche ich die letzte Zigarette, dann ist Schluss damit.« »Jetzt mache ich erst mal das Auto fit für den TÜV. Danach eröffne ich ein Postsparbuch.«

3. Fehlversuch und Aufschub

In der Regel klappt es nicht, zum vorgenommenen Termin das bisherige Verhalten umzustellen. Manchmal erweist sich der Zeitpunkt doch nicht als so günstig, oder die guten Vorsätze halten nur wenige Tage. Mit den Weight Watchers wird es nach Weihnachten nichts, weil die betreffende Person leider mit einer Erkältung im Bett liegt. Außerdem ist es unsinnig, direkt vor den Schwelgereien der Silvesterparty mit dem Abnehmen anfangen zu wollen. Ab dem 1. Januar nicht mehr zu rauchen, hat funktioniert. Allerdings kam am 8. Januar eine ungerechtfertigte, unfreundliche Zurechtweisung vom Chef. Den Stress kann man nur mit einer Zigarette durchstehen. Die betreffende Person bittet den Kollegen um eine Zigarette, bekommt danach eine zweite und dritte. Bevor man zum Schnorrer wird, kauft man selbst wieder eine Schachtel. Mit dem Sparen hat es auch nicht geklappt. Für den Geburtstag der Schwägerin war ein Beitrag zum Geschenk fällig. Außerdem musste der Handwerker ins Haus. Am besten, man lässt das Postsparbuch erst mal ruhen und probiert es nach dem Urlaub noch einmal.

Für manche Menschen ist die Enttäuschung, die guten Vorsätze nicht einhalten zu können, so groß, dass sie grundsätzlich an ihrer Fähigkeit zur Änderung zweifeln. »Ich kann nicht abnehmen. Ich habe alles probiert, aber es geht einfach nicht.« »Ich würde gerne mit dem Rauchen aufhören, aber ich pack das nicht.« »Ich kann einfach nicht sparen. Irgendeine plötzliche Ausgabe kommt immer dazwischen.«

4. Änderung der Gewohnheiten

Manchmal zwingen einfach äußere Umstände zur Verhaltensänderung. Der Arzt sagt klipp und klar, dass man ohne drastische Umstellung der Essgewohnheiten oder ohne Aufgabe des Rauchens ganz schnell am Ende sein kann. Der Körper macht nicht mehr mit. Oder man verliert den Job und muss ganz einfach mit dem Arbeitslosengeld oder dem geringeren Gehalt des neuen Jobs auskommen.

Manchmal schaffen es Menschen auch aus eigenem Antrieb, sich für eine Änderung ihres Verhalten zu motivieren: »Jetzt reicht es mir! Ich will das ändern!«

Dann kommt es auf zähe Beharrlichkeit an. Zuerst ist die Umstellung sehr lästig. Wer abnehmen will, spürt förmlich, wie der Magen nach Füllung ruft, wie die Zunge sich nach einem bestimmten Geschmack sehnt. Wer mit dem Rauchen aufhört, weiß plötzlich nicht, wohin mit den Händen und könnte kribbelig herumlaufen vor Gieper nach einem Glimmstängel. Wer das Geld zusammenhalten will, sieht pausenlos etwas, was er oder sie so gerne haben möchte.

Ganz zu Anfang klappt es noch. Aber der innere Frust wächst. Man hat Hunger, sehnt sich nach Nikotin und ist wie magisch von Schaufenstern angezogen. Und schwupps kommt es zum Rückfall.

PRAXIS-TIPPS

❑ Geben Sie sich am besten gar nicht erst der Illusion hin, ohne Rückfälle und innerhalb kürzester Zeit das neue Geldmanagement zu beherrschen. Die Rückfälle kommen mit hoher Wahrscheinlichkeit. Legen Sie sich schon mal ein Formular zurecht, auf dem Sie sie dokumentieren können.

Datum	Beschreibung des Rückfalls	Erfahrungen	Zeitraum seit dem letzten Rückfall
15. April	Spontan zwei neue Pullis gekauft, als ich mit Heidi unterwegs war.	Wenn ich mit Heidi bummeln gehe, ohne Kreditkarte!	16 Tage
22. Mai	Gürtel gekauft, der viel zu teuer war und farblich nicht passt.	Nie wieder etwas kaufen, wenn ich die Sachen, zu dem es passen soll, nicht dabei habe.	34 Tage

Rückfälle auf dem Weg zum Erfolg

Schreiben Sie auf, wann Sie mehr Geld ausgegeben haben als geplant. Beschreiben Sie in Stichworten die Situation und vielleicht auch, wieso es passieren konnte. Überlegen Sie, was Sie für die Zukunft daraus lernen können. Rechnen Sie dann aus, wie viel Zeit seit dem letzten Rückfall verstrichen ist. Kämpfen Sie darum, dass im Laufe der nächsten Monate die Abstände zwischen den einzelnen Rückfällen immer größer werden. Der Sinn dieser Dokumentation besteht darin, dass Sie sich nicht von einzelnen Rückfällen demotivieren lassen. Akzeptieren Sie sie lieber als übliche und lehrreiche Stolpersteine auf dem Weg zum Erfolg.

Bleiben Sie nach jedem Rückfall beharrlich dran, dann können Sie den Erfolg Ihres neuen Geldmanagements gar nicht verhindern. Vielleicht werfen Sie schon nach wenigen Monaten das obige Formular weg, weil Sie Ihr Verhalten dann erfolgreich umgestellt haben.

Dokumentieren Sie Ihre Erfolge

Erfolge sind die beste Motivation. Auch wenn Sie zunächst nur langsam vorankommen, sollten Sie jeden kleinen Schritt in Richtung Ziel genießen. Auch das ist wie beim Abnehmen. Manchmal purzeln die Pfunde, manchmal geht es nur grammweise weiter. Hin und wieder kommen auch Rückfälle vor. Grundsätzlich geht es jedoch in die richtige Richtung zum Zielgewicht, wenn man nur beharrlich weitermacht.

Sie sollten die Erfolge Ihres Geldmanagements unbedingt dokumentieren. Gönnen Sie sich die Freude, schriftlich vor Augen zu haben, wie Sie sich Ihren Geldzielen nähern. Hierbei kommt es speziell auf die drei Dimensionen Schulden, Sparen und Ziele an. Schreiben Sie bei den drei nachfolgenden Formularen jeweils oben, was Sie erreichen wollen. Das kann zum Beispiel bei den Schulden sein: »Bis zum Mai 2012 möchte ich meine Schulden auf 20 000,– Euro reduziert haben.« Bei Sparen könnte stehen: »Ich möchte bis Ende dieses Jahres 2000,– Euro auf dem Sparbuch haben.« Bei Ziele könnte stehen: »Ich will bis zum Juni 2011 das Grundkapital für eine Eigentumswohnung besitzen.« Notieren Sie dann am Ende jeden Monats, um wie viel Sie Ihren Zielen näher gekommen sind.

Bis Mai 2012 möchte ich meine Schulden auf 20.000,– € reduziert haben!			
Datum	Stand	Tilgung	Rest-Schulden
1. Juni 2010	33.000,–		
1. Juli 2010	33.000,–	300,–	32.700,–
1. August 2010	32.700,–	450,–	32.250,–
1. September 2010	32.250,–	150,–	32.100,–

Abbau der Schulden

Ich möchte bis Weihnachten 2.000,– € sparen		
Datum	Sparbetrag	Stand auf dem Sparkonto
1. März	100,–	100,–
1. April	140,–	240,–
1. Mai	125,–	365,–
1. Juni	240,–	605,–

Aufbau eines Sparpolsters

Ziel: Eigentumswohnung – 35.000,– € Eigenkapital bis Juni 2011			
Datum	Kapitalstand	Aufbaurate	Neuer Stand
1. Februar 2010	15.300,–	800,–	16.100,–
1. März 2010	16.100,–	480,–	16.580,–
1. April 2010	16.580,–	520,–	17.100,–
1. Mai 2010	17.100,–		

Kapital für ein Ziel aufbauen

Ich habe meine Erfolgsdokumentationen immer im Terminplaner bei mir. Ich motiviere mich damit selbst, wenn ich zwischendurch immer mal wieder sehe, wie ich mich meinen Zielen nähere. Natürlich können Sie die Formulare auch an Ihre Pinnwand über dem Schreibtisch heften. Wichtig ist, dass Sie vor allem in den nächsten Wochen und Monaten immer wieder daran erinnert werden. Jeder Erfolg wird Sie aufmuntern. Es funktioniert tatsächlich wie beim Abnehmen. Als ich mein Zielgewicht anstrebte, habe ich meine täglich aktualisierte Gewichtsliste an den Kühlschrank geklebt. Manche Esslust erledigte sich von selbst, wenn ich die bisherigen Erfolge sah, die ich dann lieber doch nicht gefährden wollte. So kann es auch für Sie hilfreich sein, die Erfolgslisten Ihres neuen Geldmanagements beim Stadtbummel in der Handtasche zu tragen. Vielleicht verzichten Sie dann auch mal auf den Kauf eines weiteren Paars Schuhe.

Sie sollen kein Leben als lustloser Geizkragen führen, aber versuchen Sie, überflüssige Ausgaben zu vermeiden. Es macht einfach mehr Spaß, lieber mal auf kleinere Einkäufe zu verzichten und sich dafür etwas Großes leisten zu können. Es ist beruhigender, ein volles Sparkonto zu haben als einen voll gestopften Kleiderschrank. Sie werden es selbst erleben!

Die 12 Grundregeln für finanzielle Sicherheit und Wohlstand

1. »Wohlstand fängt mit Sparen an«

Dieses Zitat habe ich zum ersten Mal von einem Kundenberater einer Sparkasse gehört. Als Kommunikationstrainerin habe ich jahrelang mit Beratern von Banken und Sparkassen gearbeitet. Von mir haben die Berater das professionelle Führen von Kundengesprächen gelernt. Ich habe im Gegenzug von den Bankern sehr viel über das Geldverhalten ihrer Kunden gelernt. Immer wieder wurde thematisiert, warum manche Menschen trotz hoher Einkommen letztlich nie wirtschaftlich auf einen grünen Zweig kommen. Andere Menschen hingegen schaffen es, sich mit bescheidenen Einkommen etwas aufzubauen oder sich aus finanziellen Krisen wieder herauszuarbeiten.

»Wohlstand fängt mit Sparen an.« Bei der Fähigkeit, zu sparen, scheiden sich die Geister. Da scheiden sich auch die Wege der Menschen, die in Richtung Wohlstand gehen, und der Menschen, die dauerhaft mit überzogenem Konto, hohen Schulden und ewiger Geldknappheit zu kämpfen haben. In diesem Sinne ist unter »Sparen« weniger das Einsparen von irgendwelchen Kosten zu verstehen, sondern vielmehr die Fähigkeit, Geld bei sich zu behalten. Das Gegenteil sind die Menschen, von denen man landläufig sagt, ihnen »brenne das Geld in der Tasche«.

Meine Freundin Kerstin gehört zu denjenigen, denen »das Geld in der Tasche brennt«. In den letzten zehn Jahren ist ihr Mann dreimal arbeitslos geworden. Auch zur Zeit hat er nur einen befristeten Vertrag. Die Eigentumswohnung ist noch lange nicht schuldenfrei. Bei jeder Arbeitslosigkeit geraten Kerstin und Norbert in Panik. Sie fürchten die Zwangsversteigerung der Wohnung und Armut. Aber sobald Norbert einen Job hat, geht das Einkaufen wieder los. Vornehmlich teure Kleidung, Urlaubsreisen und Anschaffungen für die Wohnung müssen dann scheinbar sein. Kerstin lässt sich sogar Kredite geben, um die Australienreise zu finanzieren oder das Bad umzubauen. Alle Warnungen von Freunden und Angehörigen schlägt sie als »negatives Denken« in den Wind. Nein, sie will nicht daran denken, dass Norbert wieder die Arbeit verlieren könnte. Nein, sie will nicht daran denken, dass er als Mittfünfziger immer schlechtere Chancen auf einen neuen Job hat. »Ich lebe jetzt«, sagt Kerstin und lehnt jede Überlegung darüber ab, wie es nach dem aktuellen befristeten Arbeitsvertrag weitergehen soll.

Ich selbst konnte früher ebenfalls mein Geld nicht zusammenhalten. Ich habe gut verdient und immer alles ausgegeben. Mir ist überhaupt nicht in den Sinn gekommen, etwas beiseitezulegen. Wozu auch? Ich war jung und hatte absolut keine Pläne, mal eine Immobilie zu kaufen oder ein eigenes Unternehmen zu gründen. Für ein Auto brauchte ich auch nicht zu sparen. Ich war im Außendienst tätig und fuhr meinen Geschäftswagen auch privat. Wie viele meiner Kollegen habe ich einfach so in den Tag gelebt und jeden Monat mein gesamtes Nettoeinkommen irgendwie verbraucht. Zu der Zeit war ich noch mit meinem Exmann verheiratet. Klemens war ganz anders. Er ließ einen Teil seines Einkommens immer gleich durch einen Sparvertrag vom Girokonto abfließen. Da er gut mit Geld umgehen konnte und meine leichtfertige Art hasste, übernahm er von Anfang an auch die Verwaltung unserer gemeinsamen Kasse. Ich habe in all den Jahren unserer Beziehung nie bemerkt, dass er mir jeden Monat mehr Geld für meinen Anteil an den Haushaltskosten abgezogen hat als notwendig. Als wir uns nach neun Jahren trennten, brach für mich die Welt zusammen. Ich zog von Frankfurt nach Hamburg, suchte mir eine neue Wohnung und einen neuen Job. Auf meinem Konto war Ebbe. Klemens verließ ebenfalls unsere bisherige Wohnung. Er konnte es sich leisten, eine eigene zu kaufen! Obwohl er immer deutlich weniger verdient hatte als ich, besaß er das Grundkapital für eine Eigentumswohnung! Er hatte nicht geerbt und nicht im Lotto gewonnen. Er hatte ganz einfach sein Geld nicht jeden Monat verplempert. Mir war das ein Rätsel. Die größte Überraschung war jedoch seine Mitteilung, dass auch ich ein gewisses Kapital besäße. Das überhöhte Haushaltsgeld, das er mir jahrelang abgenommen hatte, war von ihm ebenfalls in einen Sparvertrag umgeleitet worden. Ich bekam es als völlig überraschende Starthilfe für mein neues Leben in Hamburg. Das hat mir zu denken gegeben!

Von meiner Tante Maria hieß es immer: »Die kann das Geld nicht zusammenhalten.« Für den Bauernhof bedeutete das den Ruin. Mein Onkel Josef konnte im Stall und auf dem Feld schuften, wie er wollte, der Hof blieb hinter vergleichbaren wirtschaftlich zurück und musste schließlich sehr ungünstig verkauft werden. Was genau Tante Maria mit den Einkünften gemacht hatte, wusste niemand so genau. Stimmt, sie kaufte ständig neue Küchengeräte und immer wieder Stoffe zum Kleidernähen. Dennoch gab es kaum wirklich große Anschaffungen. »Ihr rinnt das Geld durch die Finger«, hieß es.

Bei den beiden Kindern meiner Freundin ist ebenfalls zu erkennen, wie sich das Geldverhalten von Tochter und Sohn unterscheidet. Beide bekamen zum achtzehnten Geburtstag den Führerschein geschenkt. Die Tochter konnte sich dann auch einen gebrauchten Kleinwagen kaufen. Der Sohn hingegen muss immer wieder die Eltern anpumpen, weil irgendwie immer viel zu früh das Taschengeld alle ist. Ihm nützen nicht einmal die vielen Neben- und Ferienjobs als Pizzafahrer und Nachhilfelehrer. Sobald er Geld hat, gibt er es auch aus: Klamotten, Zeitschriften, Bücher, Disco … Der junge Mann würde gerne auch für ein Auto sparen, aber wovon? Es bleibt nie etwas übrig von seinem Geld.

Die Kundenberater der Banken und Sparkassen beobachten bei ihren Kunden oft über Jahre, wie sie sich von den ersten Anfängen als Berufsstarter oder Gründer entwickeln. Sie sehen, wer es schafft, sich etwas aufzubauen, und wer mit jeder neuen Gehaltszahlung zum Monatsende wieder bei null oder gar im Minus beginnt. Einer der Banker nannte mir einmal drei typische Gründe für die Unfähigkeit, sich Wohlstand aufzubauen:

1. Naive Gedankenlosigkeit

Man denkt einfach nicht über den aktuellen Tag hinaus. Geld ist da, also wird es ausgegeben. Ob morgen noch etwas kommt, interessiert heute nicht.

Ein Banker erzählte mir von einer jungen Kosmetikerin, die sich selbstständig gemacht hatte. Als Startkapital setzte sie ein relativ hohes Erbe von ihrer Tante ein. Sie hätte alle Chancen gehabt, eine erfolgreiche Kosmetikpraxis aufzubauen. Aber schon nach zwei Jahren war sie pleite. Sobald sie Geld in der Hand hatte, gab sie es auch aus. Auch die drastischen Ermahnungen des Bankberaters, doch bitte an die Forderungen des Finanzamts zu denken, halfen nicht. Geld, das reinkam, wurde von ihr auf der Stelle wieder ausgegeben. »Geld muss fließen«, zitierte der Banker sie. Ja, in der Tat, das Geld floss davon.

Naive Gedankenlosigkeit war auch bei mir das Übel. In den Zeiten meines hohen Verdienstes habe ich einfach nicht über die Nasenspitze hinausgedacht. Es kam ja jeden Monat neues Geld von der Firma, und große Investitionspläne hatte ich nicht. Vielleicht spielte bei mir auch noch eine Rolle, dass ich mich von der »Spießigkeit« meiner sparsamen Eltern absetzen wollte.

2. Streben nach Prestige

Viele Menschen kaufen sich überteuerte Dinge, weil sie anders vermeintlich nicht vor ihren Mitmenschen bestehen können. Was sollen die Besucher denken, wenn sie im Wohnzimmer alte und billige Möbel sehen? Also kaufen junge Paare auf Kredit perfekt eingerichtete Wohnzimmer.

Der Banker erzählte mir von einem Arzt, der sich mit einer eigenen Praxis niedergelassen hatte. Was sollten die Leute von einem Arzt denken, der mit einem Kleinwagen herumfuhr? Nein, es musste ein schwerer BMW her. Was sollten die Leute von einem Arzt halten, der kein eigenes Haus besaß? Also musste gebaut werden, repräsentativ, versteht sich. Der Arzt ging letztlich nicht an den hohen Investitionen für die neue Praxis Pleite, sondern an all den Zusatzinvestitionen, die er vermeintlich für sein Ansehen als erfolgreicher Doktor vor den Leuten brauchte.

Männer neigen vor allem beim Autokauf dazu, sich mehr von Spekulationen (»Was denken die Leute?«) leiten zu lassen als von dem Gedanken: »Was kann ich mir sinnvoll leisten?« Frauen brauchen oft unnötig teure Küchen- oder Wohnzimmereinrichtungen aus Angst vor spitzen Bemerkungen von Nachbarinnen, Freundinnen und Schwägerinnen.

3. Unfähigkeit zum Lust-Aufschub

Viele Menschen können nicht mehr auf die Befriedigung von Wünschen warten. Die Werbung suggeriert auch immer wieder: »Kaufe jetzt, zahle später.«

Wann immer man sich etwas wünscht, muss dieser Wunsch sofort befriedigt werden. Man kann heute kaum noch sparen, die Vorfreude genießen und erst dann kaufen, wenn das notwendige Geld im Portemonnaie ist.

Die Unfähigkeit zum Lust-Aufschub ist vermutlich die Triebfeder für Kerstins Kaufverhalten. Was ihr gefällt, will sie haben. Was sie haben will, will sie jetzt sofort haben. Wenn Norbert gerade einen Job hat, kann sie kaufen. Wenn das Geld knapp wird, leidet sie. Eines kann sie nicht: erst mal verzichten und warten. Das deutlichste Beispiel war der Wohnwagen. Norbert hatte gerade wieder einen Job und war noch in der Probezeit. Das hielt Kerstin nicht davon ab, einen Kredit für einen Wohnwagen aufzunehmen. Ich fragte sie, wieso sie nicht erst mal dafür sparte. »Dann brauchen wir noch Jahre, bis wir uns den leisten können. Außerdem kann ich nicht sparen. Aber wenn ich den jetzt kaufe und jeden Monat die Raten automatisch vom Konto abgehen, dann ist es leichter.« Auch meine Berechnungen, wie teuer der Wohnwagen allein durch die Zinsen wurde, überzeugten sie nicht. Nein, sie konnte sich auch nicht vorstellen, für diesen Sommer einen Wohnwagen zu mieten und das Camperleben erst einmal auszuprobieren. Ein eigener Wohnwagen musste her, sofort und bitte mit standesgemäßer Ausstattung.

PRAXIS-TIPPS

❏ Nehmen Sie die Kunst des Sparens wirklich ernst! Sie haben in den bisherigen Kapiteln ja schon einige Tipps bekommen. Die wichtigsten zum Thema Sparen sind hier noch einmal ganz kurz zusammengefasst:

- Leiten Sie automatisch jeden Monat wenigstens einen kleinen Betrag sofort weg vom Giro- hin zum Sparkonto.
- Sparen Sie Geld für konkrete Ziele an, aber auch ein Sparpolster für Unerwartetes.
- Führen Sie über längere Zeiträume Buch über alle Ausgaben. Beobachten Sie, wo Ihr Geld bleibt. Achten Sie dabei vor allem auch auf die täglichen Kleinbeträge.

❏ Wenn Sie bisher nicht sparen konnten, dann lernen Sie es. Ich habe es gelernt und kann aus meiner Erfahrung sagen, dass es leicht ist, sich das Sparen anzugewöhnen. Blockieren Sie sich nicht selbst mit fatalistischen Sprüchen wie: »Ich kann nun mal nicht sparen!«

Karin und Hilde haben es beide gemeinsam gelernt. Sie haben sich vorgenommen, einmal einen Traumurlaub in Lappland zu machen. Das war ihr Ziel. Sie haben speziell dafür je ein Postsparbuch eingerichtet und zwei Jahre lang ihre kleinen Beträge eingezahlt. Im Laufe der beiden Sparjahre haben sie sich auf Flohmärkten mit Ski-

und Polarkleidung eingedeckt. Mit lustvoller Vorfreude wurden in der Bücherei alle Bücher zum Thema »Polarkreis« und »Lapplandkultur« ausgeliehen.

Die beiden haben es bewusst geübt, erst mal zu sparen und dann zu genießen, und nicht umgekehrt, erst zu genießen und sich dann mit Schulden zu plagen.

Hilde brachte die Sache auf den Punkt: »Es ist so toll, aus dem Urlaub wiederzukommen und nur die schönen Erinnerungen zu haben, nur über neue Reiseziele nachzudenken, statt darüber, wie man das Minus auf dem Konto wieder ausgleichen kann.«

2. »Wer den Pfennig nicht ehrt, ist des Talers nicht wert«

Mein Vater sagte früher immer: »Die Mark schleicht sich in Pfennigen davon.« Der Spruch »Kleinvieh macht auch Mist« gehört ebenfalls in diese Kategorie. Meine Freundin Barbara, die chronisch unter Geldknappheit leidet und sich nicht an obige Sprüche hält, nimmt niemals einen Einkaufsbeutel in den Supermarkt mit. Das ist ihr zu lästig. Außerdem will sie meistens auch nur ein paar Kleinigkeiten kaufen. Aber dann sieht sie die tollen Sonderangebote, oder es fällt ihr ein, was sie sonst noch braucht. Wenn sie an der Kasse steht, muss sie immer mindestens zwei, oft drei oder vier Plastiktüten kaufen. »Das sind doch nur ein paar Cent«, wischte sie meine Vorhaltungen vom Tisch. Erst, als ich ihr vorrechnete, dass sie allein an Kosten für die Plastiktüten im Laufe des Jahres etwa fünfzig Euro zum Fenster rauswirft, wurde sie nachdenklich. Wir haben bei der Gelegenheit auch gleich zusammen ausgerechnet, wie viel sie in der Kneipe durch ihre überdurchschnittlich hohen Trinkgelder verliert, und was es kostet, dass Sie oft zu ungeplant einkauft und entsprechend häufig verdorbene Lebensmittel wegwirft. Barbara ist wie gesagt inzwischen nachdenklich geworden. Sie hat zwar noch immer keine Lust, sich einen Stoffbeutel zuzulegen und den zum Einkaufen mitzunehmen, aber sie erwähnt schon gelegentlich, dass sie doch mal irgendwann mehr aufs Kleingeld achten möchte. Es ärgert sie nämlich, sich mit ihrem mageren Verkäuferinnengehalt nicht die Kleider kaufen zu können, die für andere leicht erschwinglich sind. »Ich kann mir nicht mal spontan ein paar T-Shirts leisten!« Natürlich könnte sie, würde sie ihr Geld besser zusammenhalten.

Ich möchte nicht so geizig leben wie mein Kollege Mirko. Wegen eines gemeinsamen Projektes besuchte ich ihn einmal in seiner Wohnung. Nie wieder! Als Getränk bekam ich Bronchialtee angeboten. Der war noch von seiner letzten Erkältung übrig geblieben und musste verbraucht werden. Wir saßen im fast völlig abgedunkelten Raum und arbeiteten im Lichtkegel einer einzigen Glühbirne. Der Bastler Mirko hatte nämlich seine Deckenleuchte so geschaltet, dass er jede Birne einzeln ein- und ausschalten konnte. Der Hit war die Toilettenspülung. Mirko pflegt morgens beim Duschen den Stöpsel zu schließen. Dadurch bleibt das Duschwasser in der Badewanne erhalten und kann im Laufe des Tages eimerweise als Toilettenspülung aufgebraucht werden. So möchte ich niemals leben! Das ist nicht sparsam, das ich skurril.

Wenn es Sie interessiert, dann schauen Sie doch mal im Internet nach Tipps für Geizkragen. Manche der Tipps sind ja ganz nett, aber manche führen meines Erachtens auf geradem Wege in das Leben als Sonderling, bei dem das Sparen zur Manie wird. Das muss nicht sein.

Es ist auch nicht notwendig, dass man Geschenkpapier vorsichtig aufknibbelt und weiterverwendet. Es ist auch nicht appetitlich, bei Tisch die feinen Servietten so vorsichtig zu benutzen, dass man sie mehrfach nehmen kann. Es ist ebenso unpassend, erst Knöpfe und Reißverschlüsse abzutrennen, bevor man alte Kleider zur Kleidersammlung gibt.

Gleichwohl sollten Sie einmal darauf achten, wie Sie vielleicht auch durch den aufmerksameren Umgang mit kleinen Beträgen sehr gut sparen können. Mein Kollege Werner hat zum Beispiel das Rauchen aufgegeben. Irgendjemand fragte ihn, was er mit dem Geld denn nun mache. Werner war ganz überrascht. Nichts machte er mit dem Geld. Es blieb ja auch nicht speziell am Monatsende übrig. Spurlos ging das bisherige Zigarettengeld in den übrigen Ausgaben unter. Erst als Werner konsequent stets den Betrag, den er sonst verraucht hätte, in ein Sparschwein steckte, summierte es sich. Er kaufte sich schließlich neue Walking-Schuhe und ein komplettes Sport-Outfit davon. Das war auch symbolisch wichtig. Er ließ mit dem Rauchen das ungesunde Leben hinter sich und fing ein neues mit sportlicher Betätigung an.

Ich selbst hatte eine Neigung, mir beim Tanken grundsätzlich immer Süßigkeiten und Zeitschriften zu kaufen. Das tat ich fast automatisch. Da ich im Außendienst viel unterwegs war und oft auch auf Kundentermine warten musste, kam es mir gelegen, beim Fahren zu naschen und beim Warten Illustrierte zu lesen. »Das geht ins Geld und auf die Figur«, sagte meine Kollegin. Recht hatte sie. Ich stellte eines Tages meine Gewohnheiten radikal um. Ich kaufte Äpfel für die langen Fahrten und legte Bücher in den Kofferraum. Bei jedem Tanken wusste ich ja, wie viel ich ungefähr für Süßes und Zeitschriften ausgegeben hätte. Der Betrag wanderte sofort in eine Box im Handschuhfach. Davon kaufte ich mir mit größtem Vergnügen eine neue Jeans. Ich hatte mir durch Umstellung der Gewohnheiten nicht nur Ausgaben erspart, sondern auch die Figur optimiert.

PRAXIS-TIPPS

❏ Achten Sie bewusst auf Gewohnheiten, bei denen Sie in kleinen Beträgen zu viel Geld verlieren. Ein paar Cent hier und da läppern sich im Laufe eines Monats schnell zu einer stattlichen Euro-Summe zusammen.

❏ Befolgen Sie doch einmal den Tipp meiner Freundin Elke. Sie überweist per Dauerauftrag jeden Monat dreißig Euro auf ein Sparbuch nur für eventuelle Autoreparaturen. Dreißig Euro sind nicht viel, doch der Schock über eine unerwartete Reparatur kann erheblich sein. Wie schön, wenn man dafür schon ein spezielles Konto hat.

❏ Gehen Sie stets gut gesättigt zum Einkaufen in den Supermarkt. Wenn man Hunger hat, greift man spontan zu dieser Wurst und jenem Käse. Man bekommt Appetit auf die leckere Fertigpizza und nimmt schnell noch ein paar Dosen Oliven oder einige Tüten Nudeln mit. Zu Hause stellt man dann fest, dass die Küchenvorräte genauso ins Unermessliche wachsen wie die Berge an selten getragener Kleidung im Kleiderschrank. Es ist eine Krankheit unserer Wohlstandsgesellschaft, dass wir zu oft Dinge kaufen, die zwar nicht grundsätzlich überflüssig sind, die wir jedoch nicht in den Mengen brauchen, die wir nach Hause schleppen.

❏ Meiden Sie spontane Käufe von kleinen Luxusartikeln. Vor allem Frauen neigen oft dazu, sich beim Stadtbummel selbst beschenken zu wollen. Eigentlich sollte es nur ein gemütlicher Bummel werden. Man will gar nichts kaufen, aber dann sieht man so ein tolles Seidentuch oder eine super Ethno-Halskette und die witzigen Postkarten, auch ein kleines Parfüm muss plötzlich sein. Irgendwie kauft man nichts Großartiges, nur so ein paar Kleinigkeiten und alle sehr günstig im Sonderangebot bei guter Qualität. Und zu Hause stellt man die siebte Parfümflasche in den Schrank, legt das neunte Seidentuch in die Schublade und packt die lustigen Postkarten erst mal zu denen, die auch noch auf ihren Einsatz warten. Gehen Sie am besten nur mit kleiner oder ganz ohne Tasche los. Das lästige Herumtragen von Tüten kann von manchem Spontaneinkauf abhalten.

❑ Wenn Sie sich ein Kleid oder einen Mantel kaufen, dann nehmen Sie sich bitte fest vor, prinzipiell nichts Zusätzliches zu nehmen. Verkaufspsychologen haben herausgefunden, dass Menschen, die einen großen Einkauf tätigen, offenbar eine innere Hemmschwelle überwunden haben. Sie sind dann ganz einfach dazu zu bewegen, sich noch viele weitere kleine Dinge zu kaufen. Deshalb werden Verkäufer und Verkäuferinnen darin geschult, den Kunden zuerst das Kleid oder den Anzug ans Herz zu legen. Zu dem Zeitpunkt darf der Kunde auf keinen Fall durch Accessoires abgelenkt werden. Wenn das Ja zum Kleid oder Anzug gesprochen ist, muss das Verkaufspersonal die anderen Dinge herbeitragen: passende Gürtel, Hemden, Blusen, Tücher und sonstige nette Kleinigkeiten, die das große Teil erst richtig komplettieren. Der Trick funktioniert!

❑ Gehen Sie mal in ein Kaufhaus, um dieses Phänomen zu beobachten. Sie sehen mit eigenen Augen, wie

Menschen plötzlich fast wie hypnotisiert viel mehr kaufen als ursprünglich geplant. Das ist der Kleinkram, der im Moment wie eine Miniausgabe aussieht, sich jedoch zu einem echten Kostenfaktor summiert. Lassen Sie sich nie wieder mit diesem Trick über den Tisch ziehen!

3. »Spare in der Zeit, so hast du in der Not«

Von meinem Exchef hatte ich jahrelang nichts gehört. Vor einigen Wochen rief Herr Taschner aus heiterem Himmel an. Er habe im Internet von meinen aktuellen beruflichen Tätigkeiten gelesen und wolle mal mit mir plaudern. Schon nach kurzer Zeit war klar, dass er nicht nur ein nettes Gespräch mit mir suchte. Er hoffte, vielleicht von mir Hilfe bei der Suche nach einem neuen Job zu bekommen. Er war am Ende. Die Firma, bei der er zuletzt als Geschäftsführer tätig war, ist von einem amerikanischen Unternehmen aufgekauft worden. Im Rahmen der Umstellungen wurden reihenweise Mitarbeiter und Führungskräfte entlassen. Herrn Taschner hat es auch getroffen. Sein noch nicht bezahltes Haus musste er verkaufen. Die Frau murrt, weil der teure Wagen nicht mehr vor der Tür steht. Die studierende Tochter ist sauer, weil es mit Vaters großzügigen Zuwendungen vorbei ist.

Ich kenne meinen Exchef aus seinen besten Zeiten. Wir waren beide IT-Spezialisten in einem erfolgreichen deutschen Software-Haus. Geld spielte damals bei Computerfachleuten keine Rolle. Wir bekamen im Vergleich zu anderen Menschen fast utopische Gehälter, flogen in der Business Class zwischen den großen Städten dieser Welt hin und her, stiegen in Fünf-Sterne-Hotels ab und speisten mit unseren Kunden nur in den feinsten Restaurants. Wir waren, was man damals »Yuppies« nannte.

Die Zeiten haben sich geändert! Heute werden IT-Profis zwar immer noch gut bezahlt, aber in unserem Alter gilt man als viel zu alt, um mit den technischen Veränderungen der Systeme mithalten zu können. Als ehemaliger Geschäftsführer hat Herr Taschner ohnehin längst den Kontakt zur Technik verloren. Auch als Führungskraft entspricht er nicht mehr dem Image »jung, dynamisch, erfolgreich«. Er ist ein alternder Mann, den eine Fusion auf die Straße gesetzt hat. Zu jung für die Rente und zu alt für die Arbeitgeber.

Ähnlich geht es Edith. Sie war Chef-Assistentin eines Abteilungsleiters. Eine Reorganisation des Unternehmens fegte sie aus ihrem scheinbar so sicheren Job. Auch sie gehört mit fast fünfzig Jahren plötzlich zum alten Eisen. Sie hält sich mit Verträgen bei Zeitarbeitsfirmen gerade noch über Wasser. Ihre schöne Wohnung musste sie ebenso aufgeben wie Herr Taschner sein Haus.

Beide hatten zu guten Zeiten aus dem Vollen gelebt. Beide hatten sich darauf verlassen, dass es mit ihren Top-Gehältern immer so weitergehen würde. Beide werden nun mit der Tatsache konfrontiert, dass ihre Jobs doch nicht so sicher waren wie geglaubt und dass sie nicht mehr gefragt sind.

Lesen Sie auch beim Zahnarzt oder Friseur so gerne die Klatsch-Zeitschriften? Kennen Sie nicht auch die Geschichten von ehemals erfolgreichen Schlagerstars, die irgendwann so verarmt sind, dass sie notgedrungen beim Schlussverkauf in Möbelhäusern singen müssen? Schütteln Sie nicht auch manchmal den Kopf über ehemalige Millionäre, die als Sportler auch noch Werbeverträge hatten und eigentlich materiell jenseits von allen

Sorgen in Florida am Strand liegen könnten, aber leider in Armut versunken sind?

Ein altes niederländisches Sprichwort sagt: »Der Sommer muss gewinnen, was der Winter verbrauchen wird.« Übertragen auf unsere heutige Zeit bedeutet das, dass wir in guten Zeiten immer auch vorsorgen sollten für mögliche schlechte Zeiten.

Wir können uns heutzutage nicht mehr auf wirklich sichere Arbeitsplätze verlassen. Auch die Sicherheit des Rentensystems steht immer wieder zur Debatte.

PRAXIS-TIPPS

❏ Lassen Sie sich auf jeden Fall beraten, wie Sie optimal für Ihr Alter vorsorgen können. Schließen Sie nicht voreilig Verträge ab, aber schieben Sie das Thema auch nicht auf die lange Bank!

❏ Wenn Sie Schulden haben, kämpfen Sie darum, möglichst schnell möglichst viel davon abzubauen. Machen Sie es nicht wie Herr Taschner, der immer stolz auf seine Schulden war, weil er damit angeblich so wunderbar Steuern sparen konnte. Das funktioniert spätestens dann nicht mehr, wenn man die bisher sicher geglaubten Einkünfte nicht mehr hat.

❏ Bauen Sie sich, wie in den vorigen Kapiteln beschrieben, unbedingt ein Sparpolster auf. Wenn es mal in einem Unternehmen schwierig wird und alle um ihre Arbeitsplätze fürchten, dann schlafen diejenigen, die ein finanzielles Polster haben, sehr viel ruhiger als diejenigen, die sich in ihrer Existenz bedroht fühlen.

Liebe Leserin, lieber Leser, die drei ersten Sprichwörter zum Thema Geld beziehen sich alle auf die Kunst des Sparens. Wer sparen kann, baut sich Wohlstand auf. Wer nicht sparen kann, gerät unter Umständen schnell in Probleme. Die in den Sprichwörtern manifestierten Erfahrungen unserer Großeltern und Urgroßeltern gelten auch heute noch!

4. »Reiche Tanten können lange leben«

Diesen Spruch habe ich in meiner Kindheit oft gehört. Ich erinnere mich an eine Großtante meiner Mutter. Sie hatte von ihrem Vater als einziges Kind den Bauernhof geerbt. Geplant war, dass sie heiratet und selber eine Familie gründet. Das tat sie nicht. Mit Knechten und Mägden, Melkern und Hausmädchen bewirtschaftete sie den Hof und galt als reiche Frau. Erben sollte ein Neffe, mein Onkel Josef. Allerdings wurde die Tante weit über neunzig Jahre alt. Onkel Josef lebte fast wie Prinz Charles in England. Er wurde älter und älter und kam einfach nicht an die Reihe, auch mal sein eigener Herr zu sein. Schließlich starb Onkel Josef vor seiner reichen Erbtante. Also sollte wiederum sein Sohn den Hof später übernehmen. Mein Cousin Hubert lebte in der festen Überzeugung, eines Tages ein reicher Mann zu sein. Es wurde nichts daraus. Die Erbtante lebte noch jahrelang munter im erstklassigen Altersheim. Dabei wurde so langsam, aber sicher alles bis auf einen winzigen Rest verbraucht. Der Reihe nach mussten Äcker und Felder verkauft werden, um den teuren Heimaufenthalt zu finanzieren.

Kerstin und Norbert erging es ähnlich. Sie waren sich sicher, eines Tages die 300 000,– Euro von Norberts Mutter zu erben. Daraus wurde nichts. Die alte Dame lag so lange im Pflegeheim, bis ihr Vermögen aufgebraucht war.

Die Kernbotschaft des Spruchs »Reiche Tanten können lange leben« muss sich nicht nur auf erwartete Erbschaften beziehen. Es geht grundsätzlich um die Tatsache, dass man niemals bereits mit Geld rechnen sollte, das man noch gar nicht in der Tasche oder auf dem eigenen Konto hat.

Einige meiner ehemaligen Kollegen sind Ende der 1990er Jahre bei jungen Start-up-Firmen eingestiegen. Kaum waren die jungen Firmen gegründet, gingen sie auch schon an die Börse. Die Aktien stiegen ins Gigantische. Meine Exkollegen ließen sich ihre Gehälter nur teilweise auf die Konten zahlen. Sie waren viel mehr darauf aus, Unternehmensaktien zu bekommen. Leider brach das System schon nach wenigen Jahren in sich zusammen. Die Aktien rauschten in den Keller, viele der Start-up-Firmen mussten aufgeben. »Futsch« waren die erhofften Millionen. Schlimm traf es diejenigen meiner Exkollegen, die fest mit Reichtümern gerechnet und zum Beispiel entsprechend in Immobilien investiert hatten.

Dass es riskant ist, mit Geld zu rechnen, das man noch gar nicht hat, musste auch ein Bruder meines Mannes erfahren. Er arbeitete jahrelang als Experte in Saudi Arabien. Nicht nur das Gehalt war hoch, in seinem Arbeitsvertrag stand auch, dass ihm eines Tages eine lukrative Abfindung ausgezahlt würde. Auf der Basis dieser sogar schriftlichen Zusage kaufte mein Schwager Grund und begann zu bauen. Aber dann geriet Saudi Arabien in eine Wirtschaftskrise. Man warf von einem Tag zum anderen viele Ausländer einfach raus. Aus der Abfindung wurde nichts. Vorbei der Traum vom Luxushaus.

Eine Nummer kleiner erwischte es eine Freundin in

München. Sie arbeitete seit Jahren bei einem großen Konzern und erhielt immer wie alle anderen auch Urlaubs- und Weihnachtsgeld, Erfolgsbeteiligungen und so weiter. Diese Zusatzleistungen hatte sie beim Kauf ihrer Eigentumswohnung fest eingeplant. Es kam wie ein Schock, als es eines Tages hieß: »Die Arbeitsplätze sind gefährdet. Wir müssen alle Opfer bringen. Mit dem Betriebsrat laufen Verhandlungen, die Weihnachtsgelder dieses Jahr zu kürzen. Außerdem fallen die Erfolgsbeteiligungen weg.« Meine Freundin musste unter Druck mit der Bank verhandeln, um die Finanzierung ihrer Wohnung zu sichern. Die Bank verdiente natürlich mit entsprechend hohen Zinsen gut an ihrem Engpass.

Wenn Sie die politischen Diskussionen zum Thema Sicherheit unserer Renten verfolgen, dann wissen Sie auch, dass wir gerade in diesem Punkt gut daran tun, uns lieber nicht auf irgendwelche vermuteten Geldzahlungen in der Zukunft zu verlassen. Es ist sehr unwahrscheinlich, dass wir – ohne zusätzliche private Absicherung – die Rente eines Tages tatsächlich in der Höhe bekommen, die wir jetzt noch erhoffen.

Der Sohn meiner Freundin Elke machte sich von einigen Jahren als Tischler selbstständig. Nach nur vier Jahren war er am Ende. Leider zahlten seine Kunden nicht pünktlich. Er musste jedoch Material kaufen, Angestellte bezahlen, die Werkstatt unterhalten … Als das Geld der säumigen Kunden nicht kam, halfen ihm zunächst seine Eltern. Aber schon bald stiegen ihnen die Summen über den Kopf. Die Bank machte dann auch nicht mehr mit.

Aus der Traum vom eigenen Betrieb. Trotz voller Auftragsbücher musste der junge Mann mit hohen Schulden aufgeben.

PRAXIS-TIPPS

❏ Verplanen Sie niemals Geld, das Sie noch nicht besitzen. Gehen Sie bei Ihrem Geldmanagement grundsätzlich immer von dem aus, was Ihnen tatsächlich gehört. Schmieden Sie gerne Pläne, was Sie mit Tante Hildes Erbe tun wollen. Freuen Sie sich auch schon auf das nächste Weihnachtsgeld. Aber unterlassen Sie alle Investitionen, die Sie von Geldern abhängig machen, die im schlimmsten Fall vielleicht doch nicht kommen.

❏ Kümmern Sie sich um Ihre Altersabsicherung. Verlassen Sie sich bitte nicht mehr allein auf die staatliche Rente. Selbst wenn die Renten stabil bleiben, werden sie mit hoher Wahrscheinlichkeit weniger wert sein. So müssen wir zum Beispiel in Zukunft mit höheren Abgaben bei Krankheitskosten und anderen Dingen rechnen.

❏ Wenn Sie größere Investitionen wie zum Beispiel Hausbau, Kauf einer Immobilie oder Gründung einer eigenen Firma planen, dann machen Sie unbedingt eine Risikoanalyse. Wie wollen Sie die Finanzierung des Hauses sichern, wenn Sie wider Erwarten den Job verlieren? Wie wollen Sie das eigene Geschäft halten, wenn die Einkünfte den Erwartungen nicht entsprechen?

5. »Liebe kann man nicht kaufen«

Die Erkenntnis, dass man Liebe nicht kaufen kann, ist so banal, dass ich mich kaum traue, den Spruch überhaupt zu zitieren. Aber leider kenne ich allein in meinem näheren Bekanntenkreis erschreckend viele Menschen – vor allem Frauen! –, die sich Liebe zu kaufen versuchen. Da ist Karin, deren Enkel sich bei jedem Besuch auf ein kleines Geldgeschenk verlassen können. Da ist Kerstin, die ihre Neffen mit Zuschüssen für den Urlaub oder für den neuen PC versorgt. Die Tochter von Hermann hat schon als Elfjährige gewusst, dass sie von ihren Großeltern und Tanten Geld geschenkt bekommt, wenn sie sie besucht. Typischerweise wird den beschenkten Enkeln, Nichten und Neffen nie das Geld auf ein Sparbuch überwiesen. Es wird ihnen auch nicht per Post zugeschickt. Sie bekommen es in die Hand gedrückt, wenn sie persönliche Besuche machen.

Bitte fragen Sie sich kritisch, ob Sie eventuell auch dazu neigen, Kinder oder Jugendliche aus der Verwandtschaft mit Geld zu sich zu locken. Machen Sie sich bitte bewusst, dass den Kindern schon die Einsamkeit derer bewusst ist, die Besuche mit Geld erkaufen wollen.

Meine Freundin Rebecca hat in jedem Urlaub ihre Schwiegermutter mitgenommen. Ihr Mann, die Kinder und sie haben es gehasst, sich mit fünf Personen und entsprechendem Gepäck in den Kleinwagen zu quetschen. Sie haben es gehasst, ständig die dominante Oma um sich zu haben. Dennoch haben sie sich darauf

eingelassen. Die alte Dame hat nicht nur den Sprit bezahlt, sondern auch das Ferienhaus und einen Großteil
der sonstigen Kosten. Geliebt wurde sie deshalb nicht,
aber man wollte sich ja auch nicht das zugesagte Erbe
verscherzen!

Frauen können auch erschreckend naiv sein, wenn
sie zu Opfern schmarotzender Männer werden. Rebecca
hat mit siebzehn ihr erstes Kind bekommen. Sie brach
die Ausbildung ab und ging arbeiten. Ihr Mann studierte munter weiter. Bis zu seinem vierzigsten Lebensjahr
hatte er noch nie einen festen Job. Er studierte einfach
vor sich hin, schrieb sechs Jahre lang an seiner Doktor-
arbeit, diskutierte in linken Kreisen über die Chancen einer
neuen Revolution, träumte von der Befreiung der Arbei-
termassen und lebte dreist auf Kosten seiner Frau. Beide
machten sie Urlaub auf Kosten seiner Mutter. Darin lag
die Übereinstimmung zwischen Schwiegermutter und
Rebecca: Beide versuchten, mit Geld Liebe zu kaufen.

Ingrid finanziert schon jahrelang ein Genie. Wolfgang
ist wohl der belesenste Mensch zwischen Passau und Au-
rich. Mit ihm kann man über Medizin und Ägyptologie,
über Borkenkäfer und Ozonlöcher sprechen. Wolfgang
weiß alles, kennt die neuesten Forschungsergebnisse, hat
die aktuellsten Publikationen einschlägiger Professoren
gelesen und denkt daran, demnächst selbst ein Buch zu
schreiben. Arbeiten kann er leider nicht. Er hat früher
einmal ein Lehramtsstudium begonnen, dann jedoch
aufgegeben, weil er das deutsche Schulsystem als schädlich erkannt hat. Drei Semester Medizin brachten ihm

die Erleuchtung, dass Ärzte ihre Patienten kränker statt gesünder machen. Als umgeschulter Immobilienmakler fühlte er sich schon nach wenigen Wochen gemobbt. Die vom Arbeitsamt finanzierte neue Umschulung zum Tischler musste er wegen Sehnenscheidenentzündungen in beiden Armen aufgeben. Aushilfsjobs in Büros verursachten Allergien durch Elektrosmog. Wolfgang hat wirklich ein schweres Leben. Außer Lesen ist wirklich jede Tätigkeit schädlich für ihn. Zum Glück hat Ingrid als Nachtschwester einen festen Job.

Bei Doris ist ein Mann eingezogen, von dem niemand genau weiß, woher er eigentlich kommt. Doris geriet nach ihrem vierzigsten Geburtstag in Panik. Sie war seit drei Jahren geschieden und konnte trotz heftigster Bemühungen in diversen Single-Clubs keinen neuen Mann finden. Eines Tages tauchte Michael auf, schön wie ein Erzengel, wunderbar gebräunt, toll angezogen und sanft in seinem Wesen. Ein Jahr lebt er nun schon bei Doris, verlässt nur selten das Haus, macht sich in der Küche nützlich, führt sensible Gespräche mit ihr und ist angeblich so ganz anders als alle anderen Männer. Doris überhäuft ihn in ihrem Glück mit Geschenken. Dass ein zartfühlender Mensch wie Michael sich unmöglich den Härten des Berufslebens stellen kann, ist klar. Doris füttert ihn durch. Sie nimmt es ihm selbstverständlich nicht übel, dass er ihr nichts über seine Vergangenheit erzählt. »Eines Tages wird er mir ganz vertrauen«, sagt sie. »Eines Tages haut er mit dem Sparbuch ab«, vermuten ihre Freunde.

Heike hat in der Kur einen neuen Mann kennen gelernt. Am Anfang sah es sogar so aus, als sei Harald der Großverdiener, der ordentlich Geld ins Haus bringen werde. Aber schon bald stellte sich Haralds Spielsucht heraus. An einem Abend mal eben ein paar Tausender zu verlieren, gehörte dazu. Morgen würde bestimmt sein tolles System greifen und ihn zum Gewinner machen. Anstatt den Mann aus ihrem Leben zu entfernen, hat Heike es sich zur Aufgabe gemacht, ihn von seiner Sucht retten zu wollen. Während er irgendwo in Spielsalons und Pokerrunden sein eigenes und oft auch ihr Geld verzockt, diskutiert sie mit Sozialarbeitern und Therapeuten über Strategien, ihn von seiner Sucht zu befreien.

Bitte fragen Sie sich kritisch, ob Sie in Ihrem Partner wirklich einen Partner haben. Oder lebt Ihr Partner bequem auf Ihre Kosten? Hat er Sie mit einer tragischen Lebensgeschichte so gerührt, dass Sie nun für ihn sorgen? Ist er so intelligent und hochsensibel, dass man ihm die Härten des Berufslebens nicht zumuten kann? Machen Ihre Freunde und Angehörige Sie darauf aufmerksam, dass Sie sich von Ihrem Partner ausnutzen lassen? Müssen Sie immer wieder Schulden bezahlen, die Ihr Partner macht?

Bitte machen Sie sich bewusst, dass Sie niemals die ehrliche Liebe eines Menschen mit Geld kaufen können. Wenn Sie sich finanziell ausnutzen lassen, können Sie sicher sein, dass die Person, die Ihnen das antut, Sie im Grunde verachtet oder bemitleidet. Der Ausnutzende wittert immer die Angst vor der Einsamkeit und die vergebliche Sehnsucht nach Liebe. Er kann gar nicht anders als verachten. Ihm ist instinktiv klar, dass die bezahlende Person sich selbst für so unliebenswürdig hält, dass sie ohne Geld nicht auf Liebe zu hoffen wagt.

Erika neigt dazu, im Freundeskreis Liebe zu kaufen. Immer wieder lädt sie zum Essen ein, bezahlt Runden im Lokal, macht besonders teure Geburtstagsgeschenke und übernimmt bei gemeinsamen Ausflügen die Benzinkosten. Niemand will sie ausnutzen. Es ist den Freunden sogar unangenehm, dass sie sich immer ums Bezahlen reißt und die wertvollsten Geschenke macht. Die meisten der Freunde spüren, dass Erika das tut, damit man sie lieb hat. Manche sehen das jedoch ganz anders. Sie vermuten, dass Erika mit ihrer überlegenen Finanzkraft angeben will. Das nehmen sie ihr übel.

Bitte denken Sie auch daran, dass der Versuch, sich durch Geld oder teure Geschenke Liebe zu kaufen, genau zum Gegenteil führen kann. Man könnte Ihnen pure Angeberei unterstellen. Vor allem die Menschen, die knapp bei Kasse sind, wollen nicht immer auf der Empfängerseite stehen und Danke sagen müssen.

Bei Männern liegt der Fall oft anders. Manche von ihnen stehen ganz offen dazu, zum Beispiel Prostituierte für körperliche Liebe zu kaufen. Im Alter nehmen sich manche Männer noch mal jüngere Frauen und zeigen ganz unverhüllt, dass sie die Liebe mit Porsche und Pelz bezahlen. Arme alte Männer haben keine jungen Geliebten. So einfach ist das.

Als Mann müssen Sie sich natürlich bewusst sein, dass Ihnen wahrscheinlich die jüngere Frau abhanden kommt, wenn es bei Ihnen mit dem hohen Einkommen mal nicht mehr so gut klappt. Sie sollten auch damit rechnen, dass Ihr hübsches junges Statussymbol eventuell das Materielle von Ihnen nimmt, anderes jedoch von einem jüngeren Mann.

PRAXIS-TIPPS

❏ Bitte hören Sie einmal nicht auf Ihr Herz, sondern bewusst nur auf Ihren Verstand. Wem lassen Sie Geld zukommen? Wer lebt ganz oder teilweise auf Ihre Kosten? Wer versorgt sich bei Ihnen immer wieder mit Finanzspritzen?

- Kommen Nichten, Neffen oder Enkel regelmäßig zu Ihnen und können fest damit rechnen, Geld zugesteckt zu bekommen?
- Finanzieren Sie das Geschäft oder die Ausbildung Ihres Mannes oder Ihrer Frau?
- Leiht sich Ihr Freund oder Ihre Freundin immer wieder Geld bei Ihnen, um angeblich etwas für eine gemeinsame Zukunft aufzubauen?
- Gibt es jemanden, der oder die Sie immer wieder daran erinnert, ohne Ihre finanzielle Unterstützung nicht auskommen zu können? Werden Sie moralisch unter Druck gesetzt: »Entweder du gibst mir Geld, oder du bist schuld an meiner Not?«

- Sagt Ihnen gelegentlich eine gute Freundin, dass Sie sich ausnutzen lassen?
- Fragen Sie sich einmal ohne alle Umschweife und beschönigende Entschuldigungen für Ihren »Schmarotzer«: »Wie würde die Person, die jetzt noch Geld von mir bekommt, reagieren, sollte ich meine Wohltaten einstellen?«
- Wenn Sie diese Frage ehrlich beantwortet haben, werden Sie wissen, was Sie zu tun haben. Bitte finden Sie unbedingt die Kraft dazu! Wer Sie finanziell ausnutzt, liebt Sie in meinen Augen nicht, sondern verachtet Sie im Grunde nur.

Aber auch umgekehrt sollten Sie sich Ihre Liebe nicht für Geld abkaufen lassen. Ich denke an meine Kollegin Valerie. Ihr geschiedener Mann kommt nur sehr unzuverlässig seinen Unterhaltszahlungen nach. Valerie hat sich leider einmal ihrem Chef anvertraut und um Vorschuss gebeten. Der Chef hat sofort gezahlt. Sie war ihm natürlich sehr dankbar. Der Pferdefuß zeigte sich allerdings später. Seither nutzt er nämlich Valerie schamlos aus. Sie muss Überstunden machen und oft am Samstag kurz ins Büro kommen, um noch schnell dringende Akten zu bearbeiten. Sie traut sich nicht, seine stets sehr freundlichen Bitten abzulehnen. Schließlich muss sie ihm ja dankbar sein, weil er ihr immer hilft, wenn mal wieder der Unterhalt auf sich warten lässt.

Meine Freundin Monika hat sich in einem finanziellen Engpass Geld von Petra geliehen. Petra ist eine sehr hilfsbereite Person, aber sie neigt auch zu Dominanzverhalten. Als Monika ihr einmal für einen Nachmittag die Kinder zur Betreuung überließ, kam die sechsjährige Tochter mit frisch durchstochenen Ohrläppchen wieder. Monika wagte nicht, Petra zur Rede zu stellen. Schließlich musste sie ihr dankbar sein. Petra drängelte nie wegen der noch offenen Schulden.

Marion und Stefan leben mit im Haus von Stefans Eltern. Das junge Paar war durch Arbeitslosigkeit in Schwierigkeiten geraten und musste die eigene Wohnung aufgeben. Bei den Eltern ist es vorbei mit der persönlichen Freiheit. Marion versteht sich zum Glück mit der Schwiegermutter sehr gut und findet bei ihr oft Beistand. Der Schwiegervater führt sich jedoch auf wie ein Patriarch. Er mischt sich in die junge Ehe ein, kommentiert die Erziehung der Kinder und bestimmt, welche Besucher kommen dürfen. Was sollen die jungen Leute machen? Sie leben in seinem Haus und zum Teil auch von seinem Geld.

PRAXIS-TIPP

❑ Kämpfen Sie unbedingt um Ihre Lebenssouveränität. Es ist besser, bescheiden im eigenen Reich zu leben, als unter der Fuchtel reicher Eltern oder Freunde. Lassen Sie niemals zu, dass Menschen, denen Sie

Geld schulden, sich in Ihre persönliche Lebensführung einmischen. Befreien Sie sich im Zweifel immer zuerst bei solchen Menschen von den Schulden, die über die Rückzahlung hinaus auch Ihre Liebe und Unterordnung verlangen. Lassen Sie sich von niemandem Ihre Liebe abkaufen!

6. »Mit Verwandten soll man Kaffee trinken, aber keine Geschäfte machen«

Diesen Spruch kenne ich von meiner Tante Paula. Sie hatte mit ihrem Mann einen Landmaschinenhandel in Südoldenburg. Sowohl auf der Seite unserer Familie als auch auf Onkel Heinrichs Seite gibt es mehrere Bauernhöfe. Selbstverständlich kauften die Geschwister, Schwager und Schwägerinnen ihre Mähdrescher, Trecker, Melkmaschinen und so weiter bei Paula und Heinrich. Was meine Tante in Rage bringen konnte, war das selbstverständliche Verlangen von Verwandtenrabatt bei gleichzeitig höchsten Ansprüchen an den Kundendienst. »Wir verdienen keinen Pfennig an denen, haben aber die meiste Arbeit damit!« Onkel Heinrich musste x-mal zu den Höfen fahren und den Gebrauch neuer Maschinen erklären. Er musste immer wieder bei kleinsten Reklamationen kostenlos Arbeiten verrichten, die andere Bauern selbst machten oder nach festen Stundenlöhnen bezahlten. Für Tante Paula war es eine Qual, bei jeder Familienfeier wenigstens einen der lieben Verwandten an noch unerledigte Rechnungen erinnern zu müssen. Und immer wieder hörte sie fadenscheinige Ausreden, die die Schuldner sich bei Fremden nie erlauben würden.

Den ganz großen Knatsch gab es, als Onkel Heinrich den »missratenen« Sohn von Tante Grete und Onkel Karl in die Lehre nehmen sollte. Der junge Mann nahm sich als Neffe des Chefs Freiheiten und Frechheiten heraus, an die die anderen Azubis nicht zu denken wagten. Als er schließlich bei Unterschlagungen ertappt wurde, warf Onkel Heinrich ihn raus. Das wiederum führte zu einem jahrelangen Zwist mit Tante Grete und Onkel Karl.

Tante Paula war sehr wohl positiv zur Verwandtschaft eingestellt. Sie war absolut für den Zusammenhalt der Familie, vor allem auch in Notzeiten. Aber sie wusste auch, dass die Vermischung von Geschäftlichem und Familiärem leicht zu Konflikten führen kann. Die Hemmschwelle, an Verwandte überhöhte Ansprüche zu stellen, ist gering. Wer beim Schwager kauft, erwartet Rabatt. Auf der anderen Seite ist es für den Schwager äußerst unangenehm, bei schlechter Zahlungsmoral so hart vorzugehen wie bei Fremden. Einen Verwandten vor Gericht zu bringen, das tut man nicht so gerne. Wenn dann aber erst mal ein solcher Konflikt unerledigt schwelt, dann belastet er die ganze Familie bei jeder Hochzeits-, Geburtstags- oder Tauffeier.

Der Sohn meiner Freundin Elke verlegte bei der Schwester seiner Freundin das Parkett. Er kaufte das dafür notwendige Material und erwartete natürlich, die Kosten auf Anhieb erstattet zu bekommen. Keineswegs! Als er die Rechnung präsentierte, reagierte die Schwester der Freundin entsetzt: »So teuer! Warum hast du das nicht im Baumarkt an der Langestraße gekauft? Die sind viel billiger!« Der Streit um die Kosten war Elkes Sohn so peinlich, dass er am Ende nicht einmal mehr die Erstattung seiner Fahrtkosten und die Übernachtung im Hotel vor Ort verlangen mochte.

Ich habe einmal meiner Cousine Hildegard die Flugkosten nach London vorgestreckt. Drei Wochen lang
hoffte ich, sie nicht erinnern zu müssen, dass sie mir
noch Geld schuldete. Aber dann war mir klar, sie spe-
kulierte darauf, dass mir das unangenehm sein würde.
Ich rief an und tat mich sehr schwer damit, ihr zu sagen: »Was ist mit den Flugkosten?« Sie vertröstete mich:
»Du, im Moment ist es etwas knapp. Kannst du bis zum
nächsten Monat warten?« Was sollte ich dazu sagen?
Ich habe notgedrungen zugestimmt. Im nächsten Monat rührte sie sich von selbst wieder nicht. Schon wieder
musste ich die Initiative zum unangenehmen Gespräch
ergreifen. Und wieder biss ich auf Granit. »Das ist jetzt
ganz schlecht. Mein Zahnarzt hat mir so eine hohe Rechnung geschickt. Ich hab das Geld im Moment einfach
nicht.« Klar, dass ich als Cousine hinter dem Zahnarzt
zurückstehen musste mit meinen finanziellen Ansprüchen. Bei der Gelegenheit fiel mir wieder der Spruch von
Tante Paula ein: »Mit Verwandten soll man Kaffee trinken, aber keine Geschäfte machen.« Es ist nett, wenn
man sich zu Familienfeiern trifft. Es ist wichtig, wenn
man sich in Notzeiten beisteht. Dann soll man auch gerne finanziell helfen. Aber niemals werde ich wieder für
Verwandte Geld vorstrecken oder sonst wie mit ihnen
geschäftlich zu tun haben.

Als meine Schwester sich ihre Kanzlei einrichten wollte, haben unsere Mutter und ich ihr finanziell geholfen.
Sie sollte auf keinen Fall die teuren Zinsen der Bank be-

PRAXIS-TIPPS

❏ Halten Sie Familienbeziehungen und Geld auseinander. Verleihen Sie niemals Geld an Verwandte. Von allen Menschen, bei denen die Schuldner sich etwas geliehen haben, werden Sie der letzte sein, der etwas zurückbekommt. Sie werden es dann aber kaum übers Herz bringen, mit der notwendigen Härte gegen die Schwägerin oder den Cousin vorzugehen. Womöglich ist es Ihnen dann so peinlich, dass Sie am Ende ganz verzichten.

❏ Pflegen Sie positive und hilfsbereite Beziehungen zu Ihren Angehörigen. Wenn Sie einem Verwandten in der Not helfen wollen, dann verschenken Sie gegebenenfalls Geld, aber verleihen Sie es nicht. Von verschenktem Geld können Sie sich innerlich verabschieden. Sie streichen es aus Ihrem Gedächtnis und belasten somit die verwandtschaftliche Beziehung nicht. Verliehenes Geld bleibt als unangenehmes Problem zwischen Ihnen und dem Empfänger zurück. Sie wollen es zurückhaben, mögen aber nicht fragen und ärgern sich, dass man es Ihnen nicht aus eigener Initiative wiedergibt.

❏ Außerdem wird von der Person, der Sie in der Not geholfen haben, das Geschenk als gute Tat anerkannt. Wenn Sie einmal in Not geraten, wird die betreffende Person Ihnen auch helfen. Verliehenes Geld wird hingegen zunächst als Hilfe angesehen. Mit der Zeit

entwickelt sich jedoch oft bei dem Schuldner ein ge-
wisser Groll gegen Sie als Gläubiger. Sie werden in
seinem Unterbewusstsein mehr und mehr zum Böse-
wicht, der gierig hinter dem Geld her ist.

Deshalb ist es auch ganz wichtig, dass Sie nur in ech-
ter Not helfen und nicht Geld verleihen, damit sich
jemand ein Auto kaufen oder eine neue Küche leisten kann. Ihre Hilfe muss immer Hilfe zur Selbsthilfe
sein. Niemals sollten Sie einem notorischen Geldver-
schwender, einem Trinker oder Spieler, einem Faul-
pelz oder einem Leichtsinnigen mit Geld aushelfen.
Sie machen sich damit nur zum Trottel, den man ausnutzen kann. Außerdem sind diese Menschen drin-
gender auf andere Hilfe angewiesen als auf Geld!

zahlen müssen. Kein Problem. Wir haben einen Vertrag
gemacht und genau festgehalten, in welchen Beträgen
die Rückzahlung erfolgen würde.

Mein Mann hat seiner Tochter einen größeren Betrag
geliehen, damit sie ebenfalls ohne die Banken eine Wohnung kaufen konnte. Auch er hat einen schriftlichen
Vertrag mit ihr abgeschlossen. Seine Tochter zahlt auch
pünktlich wie vereinbart zurück. Nicht nur, dass sie gar
nicht auf die Idee käme, Schulden beim Papa weniger
ernst zu nehmen als Schulden bei der Bank. Mit Sicherheit hat auch der Vertrag seine psychologische Wirkung
nicht verfehlt. Sie hat gesehen, dass Papa nicht mal eben

die Tausender »rüberfließen« lässt. Sie hat gesehen, dass ihr Vater bei aller Liebe in diesem Geschäft mit ihr umgegangen ist wie mit einer Fremden. So muss das auch sein!

PRAXIS-TIPPS

❑ Wenn Sie innerhalb der Familie Geld verleihen wollen, dann machen Sie das unbedingt mit einem Vertrag. Halten Sie schriftlich fest:

- Höhe der verliehenen Summe,
- Rückzahlungsmodalitäten (wann und wie viel?),
- Vereinbarungen zu den Zinsen (falls Sie das wollen).

❑ Lassen Sie eventuell auch einen neutralen Zeugen unterschreiben. Wenn der oder die betreffende Verwandte Sie als Bürokraten verspottet oder Sie mit Dackelaugen fragt: »Hast du denn kein Vertrauen?«, dann lassen Sie es lieber sein. Die betreffende Person hat vermutlich gar nicht die Absicht, das geliehene Geld zurückzuzahlen. Sie rechnet schon mit Ihrer Dummheit und Ihrer Scheu, später harte Rückforderungen zu stellen.

7. »Bei Geld hört die Freundschaft auf«

Meine Schwester hat damals ihre Kanzlei nicht allein, sondern mit einer Studienkollegin zusammen eröffnet. Als Juristinnen war ihnen klar, dass saubere Verträge, in Friedenszeiten abgeschlossen, möglichen Ärger im Nachhinein verhindern können. Sie haben genau die jeweiligen Rechte und Pflichten geregelt und festgehalten, wer welche Anteile an der Kanzlei und ihrer Ausstattung hatte und wie sie sich finanziell arrangieren wollten. Es hat auch wunderbar mit den beiden geklappt. Sie haben an einem Strang gezogen und wurden erfolgreich.

Zwei ehemalige Kollegen hatten sich als Programmierer selbstständig gemacht. Sie wollten sich darauf spezialisieren, Ärzten bei der Installation von PC-Systemen zu helfen. Als gute Kumpel fingen sie an und waren schon nach einem Jahr heillos zerstritten. Jeder meinte, ihm stehe mehr an den Honorareinnahmen zu als dem anderen. Jeder meinte, der andere vergeude Gelder für überflüssige Investitionen oder verhindere lukrative Geschäfte.

Ich wollte einmal mit einer Freundin ein Buch zur Anti-Ärger-Strategie schreiben. Unsere Brainstormings verliefen noch kreativ und in bestem Einvernehmen. Aber schon als Sonja lauernd fragte, ob wir das Honorar nach Anteil der jeweiligen Schreibmenge berechnen sollten, ahnte ich, dass unser Anti-Ärger-Projekt selber geraden Kurs auf heftigen Ärger nahm. So kam es auch. Hinter meinem Rücken kungelte Sonja mit einem anderen

Verlag aus, ob sie dort allein das Buch schreiben könnte, das wir gemeinsam längst bei meinem Verlag unter Vertrag hatten. Als sie mit ihren Kapiteln nicht fertig wurde, erklärte sie, ich hätte die besseren Themen geklaut und sei deshalb mit meinem Anteil schneller fertig. Als das Lektorat dann auch noch große Teile ihrer Texte streichen wollte, war sie fest überzeugt, ich stecke dahinter, um mir einen höheren Honoraranteil unter den Nagel zu reißen. Ärger ohne Ende!

Den Spruch »Bei Geld hört die Freundschaft auf« kann man positiv oder negativ interpretieren. Meine Schwester hat ihn mit ihrer Studienkollegin positiv definiert. Die beiden Frauen haben sich bewusst entschlossen, bei der Kanzleigründung ihre Freundschaft außen vor zu lassen. Wie zwei distanzierte Geschäftspartnerinnen haben sie ihren Vertrag gemacht und das gemeinsame Unternehmen gegründet. Selbst wenn sich im Nachhinein Differenzen zwischen ihnen ergeben hätten, hätten sie immer noch auf der Basis des Vertrags geschäftlich korrekt und in distanzierter Höflichkeit die Kanzlei weiterführen können. Sie hätten dann einfach ihre Arbeitsbereiche strikt getrennt und nicht mehr gemütlich nach Feierabend quatschend zusammen in der Kneipe gesessen.

In distanzierter Höflichkeit arbeiten inzwischen auch die beiden Erfolgsarchitekten E. und K. in Frankfurt. Sie waren mal dicke Freunde, als sie vor mehr als zwanzig Jahren gemeinsam in die Selbstständigkeit gingen. Verschiedene Arbeitsstile und unterschiedliche Einstellungen zu fachlichen Themen haben die Freundschaft zerstört. Die geschäftliche Beziehung ist auf der Basis vernünftiger Verträge fair geblieben. Beide verdienen gutes Geld, und keiner schuldet dem anderen etwas.

Die beiden Programmierer, von denen ich weiter oben berichtet habe, haben den Spruch »Bei Geld hört die Freundschaft auf« negativ realisiert. Sie streiten sich seit Jahren gerichtlich um die Verteilung von Honoraren, Kosten, Schulden und Eigentumsanteilen. Als die beiden noch nicht finanziell miteinander zu tun hatten, waren sie beste Freunde. Das ist jetzt vorbei.

Ich gehe davon aus, dass auch Sonja und ich niemals Streit bekommen hätten, wäre unser gemeinsames Buchprojekt nur ein Hobby ohne jede Geldaspekte gewesen. Zum Spaß haben wir ja vorher auch gemeinsam geschrieben. Aber das war immer ohne jede Hoffnung auf Veröffentlichung und Honorare. Als Geld ins Spiel kam, kam Misstrauen hinzu. Das hat unsere Freundschaft fast zerbrechen lassen.

Als Karin sich entschloss, zu ihrem Freund Werner in die Eigentumswohnung zu ziehen, war sie bereit, mit ihrem Ersparten einen Teil seiner Schulden zu bezahlen. Wir rieten ihr dringend, sich beim Notar beraten zu lassen, wie sie bei einer eventuellen Trennung ihr Geld zurückbekommen könnte. Das wollte sie nicht. Sie liebte ihren Werner und war sicher, auch seine Liebe sei für immer und ewig. Pustekuchen! Nach einem Jahr warf er sie raus. Er ist seine Schulden los und sie ihr Geld.

> **PRAXIS-TIPP**
>
> ❏ Wenn Sie jemals mit einer Freundin, einem Freund oder auch einem Verwandten ein gemeinsames Geschäft eröffnen oder ein Projekt realisieren wollen, dann verlassen Sie sich bitte nicht darauf, dass Sie für immer eine gute Beziehung zueinander haben. Am besten tun Sie einfach so, als seien Sie gar keine Freunde und schließen miteinander einen Vertrag. Scheuen Sie nicht die Kosten eines Notars! Das wäre am falschen Ende gespart. Lassen Sie sich auch beraten, wie Sie sich für den möglichen Bruch Ihrer privaten Beziehung absichern können. Seien Sie nicht so naiv, an die Möglichkeit einer Trennung einfach nicht glauben zu wollen. Auch die in heißester Liebe geschlossene Ehe könnte eines Tages mit der Scheidung enden. Sichern Sie sich mit einem Ehevertrag ab. Wenn Sie unverheiratet mit Ihrem Partner ein Geldgeschäft vorhaben, ist ein Vertrag noch wichtiger.

Auch finanzieller Kleinkram kann eine Freundschaft sehr belasten. Ursel fuhr mit ihrer Freundin in den Urlaub. Beide sind Lehrerinnen und verdienen recht gut. Also glaubten sie, Geld könne kein Thema zwischen ihnen werden. Die eine bezahlte die Flüge, die andere das Hotel. So waren die Beträge ungefähr gleich hoch. Man schaut ja nicht auf den Cent. Am Urlaubsort bezahlte mal die eine und mal die andere das Essen, den Besuch im Museum oder die U-Bahn-Karte. Irgendwie kam das immer hin. Man war ja auch nicht pingelig und wollte nicht buchhalterisch die Kleinbeträge gegeneinander aufrechnen.

Und doch kam es zum Krach. Ursel ist vom Typ her großzügig. Sie gibt gutes Trinkgeld und würde niemals nachzählen, ob der Kellner im Restaurant das Wechselgeld auch korrekt wiedergibt. Ihre Freundin Jasmin ist sparsamer. Sie bringt es sogar fertig, im Café die übrig gebliebenen Zuckertütchen einzustecken. Ursel fährt abends am liebsten mit dem Taxi zurück zum Hotel. Jasmin meint, das sei Verschwendung. Die U-Bahn müsse reichen. Bei diesem Thema hat es dann auch gekracht. Tagelang bezahlte Ursel halt immer das Taxi, weil sie einfach keine Lust hatte, auf die U-Bahn zu warten. Natürlich saß die sparsame Jasmin immer mit drin im Auto. Irgendwann war Ursel doch sauer, dass ihre Freundin nun völlig kostenlos fuhr. Ein Wort gab das andere, bis Ursel schließlich verlangte, Jasmin solle ihr wenigstens das Geld geben, das sie für die U-Bahn bezahlt hätte, wenn sie sich schon grundsätzlich nicht an den Taxi-Kosten beteiligen wollte.

Natürlich haben die beiden sich wieder vertragen. Beide sind jedoch fest entschlossen, nie wieder zusammen zu verreisen.

Bärbels Freundin Esther ist arbeitslos. Natürlich hilft Bärbel ihr gelegentlich finanziell aus. Schließlich ist sie Stu-

PRAXIS-TIPP

❏ Wenn Sie mit Ihrer Freundin Urlaub machen wollen, dann legen Sie sich am besten von Anfang an auf getrennte Kassen fest, und jede bezahlt für sich selbst. Es mag zunächst zwar einfacher aussehen, zum Beispiel das Essen, die Tankfüllungen oder was auch immer abwechselnd zu bezahlen, aber so genau kommt es doch nicht hin. Irgendwann schleicht sich Misstrauen ein. Irgendwann hat die eine das Gefühl, die andere zahle weniger, und schon reicht ein kleiner Anlass, und der Krach ist da.

Sie können auch eine gemeinsame Kasse einrichten. Aber dann muss jede zu Beginn einen festen Betrag einzahlen. Davon können dann immer alle gemeinsamen Unternehmungen finanziert werden. Ist der Topf leer, wird von beiden Seiten wieder mit gleichen Beträgen nachgefüllt. Diese gemeinsame Kasse eignet sich für die Begleichung von Hotel- oder Tankkosten und Eintritte. Sie eignet sich zum Beispiel nicht für das Essengehen. Mal hat die eine keinen Hunger und will nur ein Süppchen, schon traut sich die andere nicht, für ihren Bärenhunger ein Drei-Gänge-Menü zu bestellen.

dienrätin und verdient als Autorin auch noch nebenher. Selbstverständlich kann sie Esther die Kinokarten bezahlen und auch das Essen danach beim Türken. Gerne fährt sie sie anschließend nach Hause und will auf keinen Fall Benzinkosten erstattet haben. Bärbel ist es völlig egal, was sie für Esther bezahlt. Sie hat sowieso mehr Geld, als sie braucht. Aber Esther hat langsam Probleme damit. Sie hasst immer mehr die Rolle der Empfängerin. Sie möchte lieber darauf verzichten, mit Bärbel ins Kino und danach zum Essen zu gehen. Sie kann es sich von ihrem Arbeitslosengeld nicht leisten, will aber auch nicht immer wie eine arme Verwandte alles bezahlt bekommen. Bärbel wiederum hat keine Lust, wegen Esthers Armut statt Kino nur noch Video und statt Türkischem Restaurant nur noch eigene Küche zu genießen.

Wenn die beiden nicht bald einen Kompromiss finden, wird ihre Freundschaft wegen der unterschiedlichen finanziellen Voraussetzungen womöglich noch in die Brüche gehen! Esther fängt schon manchmal an, spitze Bemerkungen zu machen, sie stehe unter Bärbels Pantoffeln.

PRAXIS-TIPP

❏ Meiden Sie in ihren Freundschaften solche Situationen, in denen Sie entweder zu oft auf der Geberoder zu oft auf der Nehmerseite sind. Ganz schnell fühlt sich die Person, die zu viel von der anderen bezahlt bekommt, gedemütigt. Sie schämt sich dafür, immer wie eine »arme Verwandte« behandelt zu werden, und wird sehr empfindlich. Schon ein kleiner Anlass kann dann zum Streit führen: »Nur weil du immer alles bezahlst, willst du mich dominieren!« Auch wenn die Gebende nie die Absicht hatte, Dominanz zu zeigen, wirkt es trotzdem so. Besser ist es, wenn Sie gemeinsame Unternehmungen machen, die wenig kosten, oder auf andere Weise der finanziell schwächeren Partei die Chance geben, einen Ausgleich zu schaffen.

Meine Nachbarin Frau Brümmer betreute zum Beispiel ehrenamtlich kroatische Flüchtlingsfamilien. Bei dieser Gelegenheit freundete sie sich mit einer Kroatin an. Als Geschäftsfrau verdient Frau Brümmer sehr gut. Ihre Freundin lebte hingegen ärmlich in einer Notunterkunft. Trotzdem wollten die beiden beim Stadtbummel im Café sitzen oder ins Kino gehen. So lud Frau Brümmer sie sehr oft ein. Um eine ungute Schieflage im Geben und Nehmen zu vermeiden, hat sich Frau Brümmer von ihrer Freundin kostenlos Sprachunterricht geben lassen. Das war eine sehr gute Idee!

Inzwischen ist die Kroatin mit ihrer Familie wieder in der Heimat und hat ihr im Krieg zerstörtes Haus wieder aufgebaut. Frau Brümmer macht dort nun regelmäßig Urlaub und denkt sogar daran, in dem Dorf demnächst ein kleines Geschäft mit Töpferwaren und Gemälden einheimischer Künstler zu eröffnen. Außerdem werden die beiden Frauen demnächst ein Kochbuch mit kroatischer und norddeutscher Hausmannskost veröffentlichen.

Eine gute Freundschaft muss finanzielle Ungleichheiten aushalten können. Wichtig ist dabei, dass vor allem die »reiche« Partei die »arme« nicht in peinliche Abhängigkeit drängt. Die »arme« Partei muss das Gesicht wahren und auch etwas beisteuern können.

8. »Borgen bringt Sorgen«

Vielleicht kennen Sie aus eigener Erfahrung die Qual schlafloser Nächte, weil drückende Schulden Sie belasten. Dann wissen Sie, wie sehr es die Lebensfreude einschränkt, wenn man ständig über Geld nachdenken muss.

Ob Sie einen Kredit bei der Bank aufnehmen oder sich von Freunden Geld leihen, ist egal. Geldschulden haben in ihrer seelischen Wirkung große Ähnlichkeit mit einer Schuld, die das Gewissen belastet. Es muss deshalb unbedingt eines der wichtigsten Ziele Ihres Geldmanagements sein, mit dem Geld auszukommen, das Sie haben. Leben Sie frei von Sorgen, und schlafen Sie gut: Meiden Sie Schulden!

PRAXIS-TIPP

❏ Nutzen Sie niemals den Dispokredit. Der Dispo kann zu einer »Einstiegsdroge« in die Schuldenspirale werden. Lassen Sie die Finger davon!

Die Banken wollen natürlich, dass ihre Kunden immer schön den Dispo in Anspruch nehmen. Damit kommen sie gezielt den Geschäftsleuten entgegen, die uns in ihrer Werbung suggerieren: »Kaufe heute, zahle später.« Wenn man dann auch noch statt mit Bargeld »nur« mit seinem »guten Namen« – der Kreditkarte – bezahlen muss,

dann hat man beim Einkaufen tatsächlich spontan das
Gefühl, die Wunder der Konsumwelt stünden einem offen. Sobald die erste Rate zu zahlen ist, ist das Gekaufte
schon nicht mehr neu. Zu leicht haben sich inzwischen
weitere Konsumwünsche angestaut. Kein Problem. Auch
die neuen Wünsche lassen sich auf Anhieb befriedigen:
»Kaufe heute, zahle später.« Dieses Kaufverhalten hat
zwei gefährliche Tücken:

1. Man gewöhnt es sich an, jeden Wunsch sofort erfüllen zu wollen.
2. Man verliert den Überblick über die Schulden und die
   fälligen Ratenverpflichtungen.

Ganz schnell reicht das Gehalt nicht mehr für den täglichen Lebensunterhalt und die Ratenzahlungen aus. Kein
Problem. Man hat ja noch den Dispo. Irgendwann ist
der aber ausgeschöpft. Kein Problem. Die Bank bietet
liebend gerne den freundlichen Service an, den zinsteu-
ren Dispo in einen günstigeren Kredit umzuschreiben.
Wie nett!

Die Banken wissen, was sie tun! Wer einmal angefangen hat, den Dispo zu beanspruchen, macht das wieder.
Das ist beim Einkaufen so bequem! Man weiß zwar, dass
das Konto leer ist, kann sich aber doch noch Konsumwünsche erfüllen. Schon nach zwei oder drei Monaten
ist der Dispo wieder ausgeschöpft. Kein Problem. Die
Bank bietet wieder die Umschreibung in einen günstigeren normalen Kredit an – und so weiter und so fort immer tiefer in die Schuldenfalle!

Wenn Sie bereits in einem solchen Teufelskreis stecken, dann gibt es nur eines: Verzicht! Gehen Sie grundsätzlich nicht mehr mit Kreditkarte einkaufen. Leisten Sie sich nur noch das Minimum zum täglichen Leben. Seien Sie konsequent sparsam und sogar geizig, bis Sie den Dispo wieder vom Hals haben. Das Aussteigen aus dem Strudel von Dispo- und Normalkredit, neuer Dispo- und Normalkredit ... ist dem Ausstieg aus anderen Drogen ähnlich. Das kann so gefährlich werden wie eine Spielsucht. Irgendwann kommt man nicht mehr raus aus dem Strudel von Kaufen, Dispokredit und Kreditumschreibung. Man reißt sich immer tiefer rein.

PRAXIS-TIPP

❏ Gewöhnen Sie sich wieder an, Vorfreude zu genießen. Das ist zunächst eine Umstellung und verlangt Selbstdisziplin. Wenn Sie etwas sehen, was Sie gerne haben möchten, dann schreiben Sie sich das auf. Überlegen Sie dann einen Tag lang, wie Sie es ansparen wollen. Entscheiden Sie danach, ob Sie es wirklich kaufen werden oder doch nicht.

Manche Dinge sehen nämlich nur im Schaufenster toll aus. Man möchte sie spontan kaufen und hat schon zu Hause beim Auspacken keine große Freude mehr daran. Bei den Dingen, die man auch nach längerer Überlegung noch haben möchte, kann man dagegen bereits

die Vorfreude genießen. Probieren Sie es aus! Bedenken
Sie bitte auch, dass wir in einer Wohlstandsgesellschaft
leben. Sie müssen nicht unbedingt heute etwas kaufen,
weil morgen das Objekt der Begierde schon ausverkauft
sein könnte. Morgen, nächste Woche und in einem Jahr
können Sie auch noch bekommen, was Sie gerne heute
schon haben möchten. Lassen Sie sich nicht von der lis-
tigen Werbung mit dem tückischen Slogan »Solange der
Vorrat reicht!« hereinlegen. Die Geschäfte bieten Ihnen
garantiert morgen und nächstes Jahr auch noch tolle Sachen an. Zum Kaufen können Sie in unserer Warenüber-
flussgesellschaft gar nicht zu spät kommen.

Die Politiker reden uns auch ein, dass wir konsum-
freudiger sein sollten. Lassen Sie sich nicht davon blenden! Das sagen die Politiker nicht, weil sie uns ein schönes Konsumentenleben gönnen. Sie wollen, dass wir uns
von unserem Geld trennen und die Wirtschaft mit unserer »Kaufkraft« ankurbeln. Wer es sich leisten kann, darf
gerne kaufen. Wer jedoch dafür das Konto überziehen
muss, soll es lassen! Wenn Sie später in Schulden versinken, kommt keiner der Politiker und gibt Ihnen aus
Dankbarkeit für Ihren persönlichen Einsatz im Interesse
der Wirtschaftsankurbelung eine Prämie. Im Gegenteil,
man wird Ihnen vorwerfen, an Ihrem finanziellen Desaster selbst Schuld zu haben.

Wenn Sie zum Beispiel eine Wohnzimmereinrichtung
für 10 000,– Euro kaufen, dann ist diese Einrichtung vielleicht im Schaufenster des Händlers so viel wert. In dem

---

PRAXIS-TIPP

❏ Halten Sie sich eisern an die Regel, niemals Konsumkredite aufzunehmen. Schulden machen Sie bitte nur bei Hausbau, Wohnungskauf oder Geschäftsgründung. Niemals für Verbrauchsartikel wie Kleidung, Möbel oder ähnliches. Damit verschwindet Ihr Geld, ohne dass Sie einen echten Gegenwert dafür erhalten.

Moment, wo die Möbel in Ihrem Wohnzimmer stehen, könnten Sie sie nicht einmal mehr für die Hälfte des Preises verkaufen. Sonnen Sie sich also bitte nicht in der Illusion, sich mit dem Kauf einen Wert angeschafft zu haben. Das Geld ist weg und damit basta.

Wenn Sie es sich leisten können, teure Möbel zu besitzen, dann genießen Sie es. Genießen Sie dann gerne auch die Freude, ein edles Desingersofa für 20000,– Euro zu besitzen. Aber niemals sollten Sie dafür einen Kredit aufnehmen!

Mein Vater sagte immer: »Es schläft sich gemütlicher auf einer bezahlten Pferdedecke als in einem auf Pump gekauften Himmelbett.« Stimmt. Wegen Schulden nachts aufzuwachen, ist die Hölle.

PRAXIS-TIPP

❑ Kaufen Sie auch ein Auto nicht auf Kredit. Lassen Sie sich nicht von den tollen Angeboten der Hausbanken blenden. Es macht einfach keinen Spaß, nach fünf Jahren ein inzwischen in die Jahre gekommenes Auto zu fahren und immer noch dafür Raten zu bezahlen. Nichts spricht dagegen, sich Ihr Traumauto zu kaufen, wenn Sie es sofort bezahlen können. Aber wenn Sie dafür Schulden machen müssen, verzichten Sie lieber erst einmal. Kaufen Sie sich einen gebrauchten Kleinwagen und sparen Sie Ihr Traumauto an.

9. »Es ist viel zu teuer, billig einzukaufen«

Als meine Mutter ihr Bad renovieren lassen wollte, schlug der Nachbar vor, sein Schwager könne das machen. Der Mann sei gelernter Handwerker und mache gerne mal was nebenher. Er habe auch von seiner Firma die notwendigen Geräte und könne das Material billig beschaffen. Die Schwarzarbeit würde meine Mutter nur halb so viel kosten wie die reguläre Beauftragung eines Unternehmens. Zum Glück hat sich meine Mutter nicht darauf eingelassen! Die Nachbarn von gegenüber haben es hingegen gemacht. Und das ist sie im wahrsten Sinne des Wortes teuer zu stehen gekommen! Zunächst einmal arbeitete der »Schwarzarbeits-Schwager« sehr schlecht. Dann kam auch noch heraus, dass das Material von Baustellen seines Chefs gestohlen war. Zur Krönung bekamen die Nachbarn von Gegenüber schließlich eine Anzeige wegen Beschäftigung eines Schwarzarbeiters. Es wäre für sie billiger gewesen, lieber gleich einen ordentlichen Handwerksbetrieb zu beauftragen.

Mein Exmann wollte sich einen Schäferhund zulegen. Ein solches Tier ist nicht ganz billig. Statt sich beim eingetragenen Züchter einen Hund zu kaufen, nahm er einem zweifelhaften Billighändler einen Welpen ab. Das Tier entpuppte sich als gestörter Beißer, der aus verantwortungsloser Inzucht hervorgegangen war. Mein Exmann hätte lieber etwas mehr investieren und einen echten Rassehund kaufen sollen. Die Alternative wäre für wenig Geld oder sogar kostenlos ein gesunder Mischling aus dem Tierheim gewesen. Der billige Beißer hat ihn nicht nur Nerven, sondern auch eine Menge Geld für Schadensregulierungen, vergebliche Hundeschule und letztlich Einschläferung gekostet.

Mit dem Auto erging es meinem Exmann nicht anders. Statt ganz einfach den Wagen zur Vertragswerkstatt zu bringen, ließ er billige Ersatzteile in einer Hinterhofwerkstatt einbauen. Das kostete ihn auch prompt das Dreifache, als er kurz darauf am anderen Ende von Deutschland mit Motorschaden liegen blieb und nicht nur den Abschleppdienst, sondern auch noch die eigene Rückfahrt mit der Bahn bezahlen musste. Reklamieren konnte er auch nicht, weil er bei der Reparatur per Mauschelei die Umsatzsteuern gespart hatte.

Hilde sagte immer, sie habe kein Geld für teure Kleidung. Als Teilzeitverkäuferin verdiente sie wirklich nicht viel. Mir fiel allerdings auf, wie voll gestopft ihr Kleiderschrank und ihre Garderobe waren. Das ist ein Phänomen bei vielen Frauen, die sich angeblich keine guten Sachen leisten können. Natürlich möchten auch sie hübsch angezogen sein. Da das Geld nicht reicht, wird halt hier mal eine günstige Bluse und dort ein heruntergesetzter Rock und dann wieder eine Sonderangebotsjeans gekauft. Was dabei herauskommt, ist dreierlei:

1. Das Geld verschwindet spurlos.
2. Die Schränke sind pickepacke voll.
3. Der Frust, nicht gut angezogen zu sein, bleibt.

Auf meinen Rat hin hat Hilde einmal ein Jahr lang gar keine Kleidung gekauft. Nicht ein einziges Teil! Das ist ihr nicht leicht gefallen. Sie hat jedoch einen Betrag angespart für eine komplett neue Grundausstattung. Nach einem Jahr war das Sparschwein voll. Hilde hat dann alle ihre Sache aus dem Schrank geholt. Sie hat nur die Stücke behalten, die noch modisch aktuell und von guter Qualität waren. Acht Müllsäcke Textilien wanderten in die Altkleidersammlung. Dann haben wir Freundinnen zu viert ein Konzept entwickelt, welche passenden Edelklamotten sich Hilde zu dem Vorhandenen hinzukaufen sollte. »Klasse vor Masse« lautete das Motto.

Heute ist Hildes Kleiderschrank übersichtlich leer und nur mit bester Qualität bestückt. Sie kauft nur selten neue Teile hinzu. Aber alles, was sie kauft, ist edle Markenware. Das hat drei Vorteile:

1. Sie gibt viel weniger Geld aus.
2. Die Einzelstücke passen zu ihrem Stil und zueinander.
3. Hilde sieht immer gut gekleidet aus.

Wir anderen sind inzwischen Hildes Beispiel gefolgt. Probieren Sie es auch einmal aus. Sparen Sie eine richtig schöne Summe zusammen. Werfen Sie dann alle weniger guten Kleidungsstücke weg. Kaufen Sie sich einmal eine Grundgarderobe mit den Basics, die Ihnen wirklich gut gefällt. Sie werden danach nie wieder Geld mit dem Spontankauf von Billigfähnchen vergeuden.

PRAXIS-TIPPS

❏ Um in der Zeit des Ansparens für eine neue Grundausstattung gegen die Versuchung von Spontankäu-
fen gefeit zu sein, tun Sie Folgendes:

• Ziehen Sie sich vor einem Stadtbummel möglichst
gut an.

• Schminken und frisieren Sie sich vor dem Bummel.

• Je schöner Sie sich beim Bummeln fühlen, desto unwahrscheinlicher werden Sie Opfer von ver-
lockenden Ausstellungsstücken in den Schaufenstern. Wir Frauen kaufen ja oft nur deshalb spontan
Kleidung ein, weil wir uns mitten in der Stadt im
Vergleich zu anderen Frauen plötzlich wie graue
Mäuse vorkommen.

• Um dem Frust abzuhelfen, kauft man sich dann
schnell etwas zum Anziehen. Wenn man nicht so
viel Geld hat, greift man unversehens zu einem
weiteren Billigteil für den Kleiderschrank.

• Das heißt nicht, dass Sie gezielt teuer kaufen sollen. Keineswegs ist ein hoher Preis die Garantie für
gute Qualität. Wenn Sie etwas Edles zu günstigen
Konditionen bekommen können, dann dürfen Sie
natürlich zugreifen. Ein edles Teil ist aber nur dann
sinnvoll, wenn es zu Ihrem Stil und Ihrer vorhandenen Garderobe passt. Es nutzt auch nichts, billige
Designer-Schnäppchen zu kaufen, die dann als nicht
kombinierbare Einzelstücke den Schrank füllen.

❏ Achten Sie beim Einkaufen immer auf den Preis. Aber lassen Sie den Preis nicht das einzige Kriterium sein. Kaufen Sie besser gar nicht, wenn Sie sich gute Qualität nicht leisten können. Sparen Sie lieber erst einmal, und gönnen Sie sich dann etwas Gutes.

❏ Lassen Sie sich von Handwerkern Kostenvoranschläge geben, und suchen Sie sich den günstigsten Anbieter heraus. Bedenken Sie jedoch, dass »günstig« nicht »billig« bedeutet. Nehmen Sie im Zweifel lieber den Handwerker, auf den Sie sich verlassen können und den Freunde Ihnen empfehlen, als einen Billigheimer, der dann auf Ihre Kosten pfuscht oder Sie in illegale Geschichten hineinzieht.

❏ Bei größeren Anschaffungen sollten Sie sich im Internet umschauen. Da gibt es Online-Anbieter, die Ihnen die besten Angebote heraussuchen. Die nehmen dann von Ihnen als Gebühr für ihre Dienstleistung einen gewissen Prozentsatz Ihrer Ersparnis. Damit sind Sie immer noch günstig dran.

10. »Armut ist den Reichen niemals peinlich«

Während meines Studiums arbeitete ich regelmäßig als Zimmermädchen in Urlaubshotels an der Nordsee. Meine Einblicke in die Privatsachen der Gäste ermöglichten mir natürlich schon eine gute Beurteilung, wer tatsächlich wohlhabend war und wer nur nach außen so wirken wollte. Eines Tages sprach ich mit meiner Chefin über das Phänomen, dass die offensichtlich vermögenden Gäste die niedrigsten Trinkgelder gaben. Hingegen drückten die Leute, die für den Urlaub ganz sicher vorher sparen mussten, mir oft geradezu fürstliche Trinkgelder in die Hand. Damals erklärte mir die Chefin, dass die Reichen auch ihr gegenüber sehr viel härter um Rabatte kämpften als die anderen. Sie sagte, ich solle daraus die Lehre ziehen, dass viele Menschen eben genau deshalb viel Geld haben, weil sie sich so schwer davon trennen.

Den Reichen ist es völlig egal, ob man sie für arm hält. Sie tun ganz einfach so, als säßen sie auf dem Trockenen. Die weniger Wohlhabenden hingegen schämen sich oft für ihren Geldmangel. Damit man es ihnen nicht anmerkt, zeigen sie sich nach außen oft besonders großzügig.

Auch in unserem Freundeskreis ist Karin diejenige, die im Restaurant immer so hohe Trinkgelder gibt, dass oft das Personal erst einmal stutzt, bevor es sich überschwänglich bedankt. Karin kämpft jeden Monat darum, überhaupt mit ihrem mageren Gehalt als ungelernte Arbeitskraft hinzukommen.

Als Trainerin für das Verkaufspersonal einer großen Handelskette erfuhr ich von den Verkäufern und Verkäuferinnen, dass ihnen die Scham der Menschen, die wenig Geld haben, sehr wohl bewusst ist. Sie nutzen das oft auch eiskalt aus! Wenn sie spüren, dass ein Kunde bei einem bestimmten Artikel Probleme mit dem Preis hat und das nicht sagen mag, dann deuten sie vorsichtig an: »So etwas muss man sich natürlich leisten können.« Oder: »Billig ist es nicht. Für diese Qualität muss man die Mittel natürlich haben.« Schwupps ist der Unentschlossene bereit, dem Kauf zuzustimmen. Lieber kaufen sich manche Menschen Dinge, die sie sich gar nicht leisten können, als dass sie die Scham ertragen, vom Verkaufspersonal für zu arm gehalten zu werden.

Listige Autoverkäufer machen auch die Erfahrung, dass sie den Kunden, die mühsam Kredite für das neue Auto aufnehmen müssen, viel leichter kostspielige Extras einreden können. Wer genug Geld hat, jammert und klagt hemmungslos über Ebbe in der Kasse. Wenn der Verkäufer nicht das Radio, die Fußmatten und die Alufelgen kostenlos dazugibt, können sie sich leider das schöne Auto gar nicht leisten. Nicht wenige Autoverkäufer holen sich ganz dreist bei denen, die wenig Geld haben, den Teil der Prämie wieder, den sie bei wohlhabenden Kunden leider drauflegen müssen.

Auch auf den Sozialämtern machen die Angestellten die Erfahrung, dass Leute mit Geld überhaupt keine

Probleme damit haben, sich bitterarm zu stellen. Wer tatsächlich in Not ist, schämt sich oft sogar noch vor dem Sozialamt.

Für mich war auch interessant, dass mein Chef in einer Unternehmensberatung seinen beiden jugendlichen Kindern einen Putzjob bei einer Reinigungsfirma verschaffte. Er könne es sich nicht leisten, deren Ansprüche an Taschengeld zu finanzieren. Die Tochter will Reitunterricht? Soll sie arbeiten gehen! Der Sohn will den Führerschein? Soll er halt dafür putzen! Unsere allein stehende Aushilfsbürokraft hingegen betonte immer wieder, was sie ihren beiden Kindern alles bot: teure Ferienreisen ins Ausland, Markenturnschuhe und Abos im Fitnesscenter. Ihre Kinder sollten alles haben, was angeblich die Kinder bessergestellter Leute auch hatten.

Man sagt zwar, Armut schände nicht, aber viele Menschen haben eine große Angst davor, man könne ihnen finanzielle Engpässe anmerken. Das muss nicht nur wirklich Not Leidende betreffen. Auch Menschen mit eigentlich gutem Gehalt können von dieser Scham betroffen sein. Das passiert dann, wenn sie sich ständig mit Wohlhabenderen messen. Zum Beispiel meine Cousine Angela, die als Studienrätin recht gut verdient. Nun verfügen ihre beiden Schwestern jedoch als erfolgreiche Geschäftsfrauen über sehr viel mehr Geld als sie. Helene und Gertie haben keine Scham, jedes Jahr dem Finanzamt vorzurechnen, wie sie am Hungertuche nagen. Angela hingegen überzieht ständig ihr Konto, weil sie mit edlen Möbeln, toller Designermode, teuren Urlauben und imposanten Autos unbedingt mit den Schwestern mithalten will. Das übersteigt dann auch ein Studienratsgehalt.

Vielleicht kennen Sie den Spruch: »Viele Menschen geben zu viel Geld dafür aus, sich Dinge zu kaufen, die sie nicht brauchen, um damit Leuten zu imponieren, die sie nicht leiden können.«

PRAXIS-TIPPS

❏ Denken Sie einmal darüber nach, mit wem Sie sich bezüglich Ihres Wohlstands messen. Orientieren Sie sich vielleicht zu sehr an Menschen, die ganz einfach ein höheres Gehalt haben? Wollen Sie irgendwem mit Ihren Besitztümern imponieren? Würden Sie Möbel auf Kredit kaufen, damit Besucher von Ihrer feinen Einrichtung beeindruckt sind? Würden Sie sich ein Auto auf Kredit kaufen, weil es Ihnen peinlich wäre, mit einem Kleinwagen oder Gebrauchten oder nur einem Fahrrad zu fahren?
Bitte schauen Sie sich Ihre Besitztümer einmal kritisch unter dem Aspekt an, was Sie sich (in der Preisklasse) nur deshalb gekauft haben, damit andere glauben, dass Sie sich das leisten können.

❏ Denken Sie einmal darüber nach, ob Sie durch hohe Trinkgelder, großzügige Geschenke oder Einladungen in feine Restaurants manchmal reicher wirken wollen, als Sie in Wirklichkeit sind.

Natürlich wissen Sie, dass es Ihnen eigentlich egal sein sollte, was andere Leute denken. Aber man steht halt doch nicht so souverän darüber, wie man gerne möchte. Dennoch sollten Sie vermeiden, sich von Ihrem schönen Geld zu trennen, damit andere Sie für wohlhabender halten, als Sie sind.

Bedenken Sie bitte auch, dass Sie mit auf Raten gekauften »Imponierdingen« kaum wirklich täuschen können. Ihre Mitmenschen wissen Sie sehr wohl richtig in Ihren finanziellen Möglichkeiten einzuordnen. Wenn Sie gerne »nach mehr Geld« aussehen möchten, dann machen Sie es doch einfach den Reichen nach. Sagen Sie ganz offen beim Einkauf: »Das ist mir zu teuer.« »Nein, das kann ich mir nicht leisten.« Das Personal hält Sie sofort für reicher, als Sie sind. Kaufen Sie grundsätzlich vor allem bei größeren Anschaffungen nur das, was Sie sich ohne mühselige Finanzierungsprogramme leisten können. Lassen Sie lieber die Nachbarn, Kollegen und Verwandten rätseln: »Wieso hat die so ein kleines Auto? Was macht die denn mit ihrem Geld?« »Wieso hat sie einen Wohnzimmerschrank aus IKEAs Kellerregal-Programm? Besitzt sie womöglich ein Häuschen auf Mallorca?«

11. »Was nichts kostet, ist auch nichts wert«

Diesen Spruch sollten Sie aus zwei Blickwinkeln betrachten:

- Seien Sie misstrauisch, wenn Ihnen jemand etwas schenkt.
- Rechnen Sie nicht mit der Wertschätzung anderer, wenn Sie etwas hergeben.

Eine gefährliche »Geldvernichtungsmasche« ist der Trick von angeblich neutralen Finanzberatern, die Ihnen anbieten, einmal kostenlos zu überprüfen, ob Sie optimal versichert sind und so wenig Steuern wie möglich zahlen. Das sind keine Wohltäter!

Zum einen sind diese angeblich neutralen Berater nicht wirklich neutral. Sie erhalten je nach dem, was sie Ihnen aufschwatzen, höchst unterschiedliche Prämien. Verlassen Sie sich darauf, dass die Ihnen das verkaufen, was nicht gut für Sie, sondern gut für sie selbst ist. Zum anderen ist die kostenlose Überprüfung der Einstieg in ein psychologisch »hammerhartes« Drückergeschäft. Die Profis werden intensiv geschult, Ihnen nicht nur Ihre angeblichen Versorgungslücken oder zu hohen Steuern nachzuweisen, sie versetzen Sie auch in eine Stimmung von Dankbarkeit. Wenn man schon mal so nett ist, für Sie eine kostenlose Analyse durchzuführen, dann werden Sie am Ende nicht so hartherzig sein und einfach keinen Vertrag abschließen wollen, oder?

Mit Ihrer Dankbarkeit spekulieren auch Anbieter von Waren oder Dienstleistungen, die Ihnen kostenlose Werbegeschenke zukommen lassen. Wir Menschen haben alle einen tiefen Instinkt, fair sein zu wollen. Wenn man uns etwas schenkt, möchten wir instinktiv dann auch nett zum Schenkenden sein. Solche psychologischen Prozesse laufen fast völlig im Unterbewusstsein ab. Wenn es dem Händler einmal gelungen ist, dass man ihm ein Geschenk dankend abnimmt, dann hat er beim nächsten Anlauf schon viel bessere Chancen, einem etwas zu verkaufen. Das ist das Erfolgsgeheimnis von Werbegeschenken. Auch am Urlaubsort bietet man Ihnen kostenlose Ausflüge sogar mit Begrüßungscocktails an. Wenn Sie das erst einmal angenommen haben, sind Sie auch so höflich, sich den langweiligen Vortrag über wertvolle Zuchtperlen, günstige Ledertaschen und urgesunde Dinkelkissen anzuhören. Der Vortrag ist gepfeffert mit rhetorischen Psycho- und Verkaufstricks, denen Sie sich kaum entziehen können.

Auf höherem Niveau, aber nach gleichem Muster, arbeiten Autofirmen und Banken ebenfalls mit ihren Kunden. Wer eine Luxuslimousine gekauft oder ein größeres Depot angelegt hat, wird schon bald zu einem kostenlosen Golf-Schnupperkurs eingeladen. Ein schönes Wochenende im Edelhotel, nur mit anderen feinen Leuten zusammen, ist natürlich verlockend. Außerdem kann man dann mal unverbindlich schauen, ob einem das Golfen nun liegt oder nicht. Auch das ist keine Wohlfahrtsveranstaltung! Letztlich geht es dabei ebenso um das eine Ziel: Die glücklich Beschenkten sollen sich für weitere Kaufverträge öffnen.

Mir wurde unlängst angeboten, ab sofort kostenlos eine Zeitschrift für Unternehmensberater und Trainer zu beziehen. Klar habe ich angekreuzt, man möge mir das tatsächlich gut gemachte Blatt in Zukunft schicken. Schon bei der zweiten Nummer lag ein vorgedrucktes Überweisungsformular für eine Spende dabei. Ich habe sie natürlich gleich entsorgt. Nun bekomme ich mit jeder zweiten Ausgabe hübsche Werbegeschenke, vom Ledermäppchen für Visitenkarten bis zu feinen Markenkugelschreibern mit eingraviertem Namen. Ich beobachte mit Interesse, wie man mich endlich so dankbar für die milden Gaben stimmen will, dass ich mich schließlich einmal revanchiere und etwas kaufe. Niemals!

PRAXIS-TIPP

❏ Wenn man Ihnen etwas kostenlos anbietet, seien Sie bitte doppelt und dreifach misstrauisch. Die Chance, dass man es aus reiner Barmherzigkeit tut, ist gering. Mit hoher Wahrscheinlichkeit sollen Sie entweder seelisch »weich gekocht« werden, die guten Gaben mit Ihrer dankbaren Kaufbereitschaft aufzuwiegen, oder man will Sie in perfekt ausgefeilte rhetorische »Psychoduschen« locken. Was nichts kostet, ist oft tatsächlich nichts wert. Also sollten Sie es eventuell auch gar nicht annehmen oder innerlich als wertlos klassifizieren. Dafür brauchen Sie nicht dankbar zu sein. Manchmal ist das, was zunächst nichts zu kosten scheint, am Ende sogar sehr teuer. Seien Sie demnach sehr zurückhaltend bei Werbegeschenken, kostenlosen Serviceleistungen und sonstigen »Wohltaten«.

Den Spruch »Was nichts kostet, ist auch nichts wert« können Sie auch aus einer anderen Perspektive betrachten. Es kann vorkommen, dass Sie so nett sind, anderen etwas zukommen zu lassen, um sich beliebt zu machen oder um ganz einfach nett zu sein. Und dann müssen Sie leider feststellen, dass die Empfänger Ihre guten Gaben nicht zu würdigen wissen.

Ein Bekannter von uns kann im Personaleinkauf seiner Firma billiger Sekt, Wein und andere edle Getränke bekommen. Er kaufte bislang immer nur für den Eigenbedarf ein. Irgendwann hat er Freunden eine Flasche besten Champagner als Geschenk mitgebracht. Irrigerweise dachten sie, er bekäme die Sachen kostenlos. Ohne jede Hemmung baten sie ihn immer wieder um eine Flasche von diesem und von jenem Jahrgang. Sie verarbeiteten dann durchaus mal den edlen Wein zu Pudding oder mischten den guten Sekt mit süßem Sirup! Unser Bekannter hoffte wohl, dass die Freunde ihm das auch einmal bezahlen würden. Er fiel aus allen Wolken, als er durch Zufall mithörte, wie seine Freunde ihrerseits Freuden mitteilten: »Der Timmo kann solche Getränke kostenlos besorgen.«

Ich hatte einmal einer Freundin eines meiner fünfzehn Belegexemplare eines neuen Buches von mir geschenkt. Sie gab es gleich weiter und wollte noch mehr:
»Dann hat man immer mal ein billiges Geschenk.« Sie
dachte wohl, ich hätte noch tausend kostenloser Exemp-
lare unter dem Bett! Da musste ich ihr erst mal sagen,
dass die Bücher im Laden ihren Preis haben!

Unsere Sekretärin glaubte, Karriere machen zu können. Sie war ständig bereit, Überstunden zu machen und
sich sogar Arbeit mit nach Hause zu nehmen. Tief war
ihre Enttäuschung, als dann die Kollegin zur Büroleiterin
befördert wurde, die niemals eine unbezahlte Überstunde
leistete. Im Gespräch mit dem Chef erfuhr sie, dass der
Chef ihre kostenlosen Überstunden gar nicht wertschätz-
te. Er glaubte, die arme Frau sei zu Hause einsam und deshalb froh, abends länger in der Firma bleiben zu dürfen.

PRAXIS-TIPP

❏ Denken Sie bitte einmal kritisch darüber nach, ob
Sie vielleicht mit Ihrem Geld oder Ihrer Zeit anderen
Gutes tun, das gar nicht wertgeschätzt wird. Damit
machen Sie sich absolut nicht beliebt! Im Gegenteil,
wenn Sie Pech haben, nutzt man Sie wie einen Weih-
nachtsmann aus. Sie verlieren Geld dabei, und andere nehmen Sie und Ihre Gaben nicht einmal ernst!
An dieser Stelle sollten Sie sofort mit dem Sparen
beginnen!

12. »Wer hat, dem wird gegeben werden«

Dieser Spruch greift eine Volksweisheit auf, die schon seit jeher gilt. Es entspricht sicherlich auch Ihrer Lebenserfahrung, dass die Menschen, die ohnehin schon über Besitz verfügen, in der Regel auch die besten Chancen haben, noch mehr zu bekommen. Das kann bei solchen Kleinigkeiten anfangen, dass wohlhabend wirkende Kunden in der Parfümerie Pröbchen in Hülle und Fülle geschenkt bekommen. Wer nicht so wohlhabend auf das Personal wirkt, bekommt gar nichts oder nur ein »popeliges« Minidöschen. Die Ungerechtigkeit lässt sich in großem Stil anhand von Steuerstatistiken erkennen. Die Orte, die die meisten Millionäre beherbergen, haben oft das geringste Steueraufkommen. Den Reichen gelingt es einfach viel besser, sich Steuervorteile zu erobern oder ihr Geld ganz dem Fiskus zu entziehen. Wer jedoch mit kleinem Einkommen gerade so über die Runden kommt, der zahlt nicht nur auf Heller und Cent, sondern kann nicht mal Arbeitszimmer, Werbungskosten, Restaurantbesuche etc. absetzen.

Wenn Sie über Ihre Finanzen bei der Bank oder Sparkasse nachdenken, ist es genauso. Wenn Sie nichts haben und Kredit aufnehmen müssen, dann müssen Sie auch noch zusätzlich Zinsen zahlen. Wenn Sie jedoch über Kapital verfügen, dann kommen noch Zinsen obendrauf.

Es mag ungerecht sein, ist jedoch trotzdem wahr: Wo schon Geld ist, kommt automatisch noch mehr dazu. In meiner Kindheit hörte ich einmal davon, dass im Dorf ausgerechnet der reiche Bauunternehmer auch noch im Lotto gewonnen hatte. Damals munkelten die Leute neidisch: »Der Teufel scheißt immer auf den größten Haufen.« Sehen Sie mir bitte diesen recht derben Spruch nach. Er drückt jedoch ein Phänomen aus, das auch ich immer wieder beobachte.

An dieser Stelle kann ich mich trotz meiner Vorliebe für pure Rationalität nicht ganz dem Eindruck entziehen, dass es so etwas wie »spirituelle« Geldströme gibt. Ich beobachte, dass Menschen, die nicht mit ihrem Geld auskommen und immer wieder den Dispo nutzen oder Schulden machen, dann auch noch von großen oder kleinen finanziellen Miseren eingeholt werden. Ihnen gehen teure Hausgeräte kaputt, man klaut ihnen die Urlaubskasse, sie brauchen Zahnbehandlungen über die Kassenerstattungen hinaus ... Bei diesen Menschen scheint der Wurm drin zu sein! Hingegen ändert sich das sofort, wenn sie anfangen, sich konsequent um ihr Geldmanagement zu kümmern. Sobald sie aus den Schulden raus sind und sich auch nur ein winzig kleines Sparpolster aufgebaut haben, setzt eine Glücksspirale ein. Sie gewinnen im Preisausschreiben, finden wertvollen Familienschmuck auf dem Dachboden und bekommen lukrative Jobangebote.

Ich habe keine blasse Ahnung, woran das liegt. Aber nachdem es nicht nur mir passiert ist, sondern auch Freunden, Kollegen und Verwandten, glaube ich nicht mehr an Zufall. Es ist etwas daran: Geld zieht sich selbst magisch an. Wo schon Geld ist, kommt wie durch Magie noch mehr dazu.

PRAXIS-TIPP

❏ Setzen Sie die in diesem Buch beschriebenen Tipps zum klugen Geldmanagement in die Tat um. Sie werden sich damit unweigerlich eine gesunde finanzielle Basis aufbauen. Sie werden damit auch ganz sicher bisher ungeahnte Geldströme für sich erschließen. Probieren Sie es aus!

Managen Sie Ihr Geld zum Ziel

Packen Sie es mutig an

Sie haben Lust auf einen größeren finanziellen Freiraum und möchten souveräner mit Ihrem Geld umgehen. Sie haben durch die Lektüre dieses Buches sicherlich auch manche Ihrer bisherigen Schwächen im Geldmanagement wiedererkannt. Ganz bestimmt sind Ihnen auch gute Ideen zu einem besseren Geldmanagement als bisher gekommen. Aber ... Und schon gehen die Bedenken und Selbstzweifel los.

Der kleine »Aber-Teufel« könnte sich auch schon in Ihnen geregt haben. Dieser »Aber-Teufel« spukt vielleicht in Ihren Gedanken herum und flüstert: »Das geht nicht.« »Das schaffst du nie.« »Geldmanagement ist nur etwas für Leute, die Geld haben, aber du hast Schulden.« »Das klappt doch nie.« Ganz besonders hinterhältig ist die Einflüsterung: »Das hast du doch alles schon mal probiert, da ging es auch nicht.«

Listig und gefährlich sind auch Einflüsterungen des »Aber-Teufels« wie: »Dir ist Geld doch sowieso egal. Denk nicht so materialistisch.« »Du kannst sowieso nicht mit

Geld umgehen. Und du willst auch nicht materialistisch sein.«

Geben Sie dem »Aber-Teufel« keine Chance! Sie haben das Recht, ein von Geldsorgen befreites Leben zu führen. Nehmen Sie sich das Recht! Sie haben in allen anderen Dingen der Lebensführung doch auch das Bestreben, so klug wie möglich zu handeln. Tun Sie das auch, wenn es um Ihr Geld geht. Sie machen in allen anderen Lebensbereichen auch immer wieder Fehler, ohne gleich ganz den Mut zu verlieren. Gestehen Sie sich dieses Recht auch beim Geldmanagement zu.

Lassen Sie sich vom »Aber-Teufel« nicht entmutigen. Sie wollen Ihr Leben in Bezug auf Geldangelegenheiten besser managen, dann tun Sie das auch. Erwarten Sie aber anfangs nicht zu viel von sich selbst. Es wird vielleicht nicht immer auf Anhieb perfekt gelingen. Auf jeden Fall werden Sie an der bisherigen Situation vieles deutlich verbessern. Packen Sie es deshalb ohne Wenn und Aber an! Die ersten Erfolge werden den kleinen »Aber-Teufel« schnell zum Schweigen bringen.

Bedenken Sie bitte auch, dass der »Aber-Teufel« nicht unbedingt Ihrem eigenen Gehirn entspringen muss. Überlegen Sie gut, ob Sie bereits in der Anfangszeit Freunde und Bekannte in Ihr neues Geldmanagement einweihen wollen. Es gibt leider viele negativ denkende Menschen, die immer erst einmal über das Scheitern und über mögliche Hindernisse reden. Es gibt leider auch viele Menschen, die aus purem Neid sofort negativ reagieren und mit Sprüchen kommen wie: »Ach, das

ist doch alles Theorie. Das klappt in der Praxis nicht.«
»Was soll denn das bringen? Das funktioniert nicht!«

Ich vergleiche es gerne mit dem Abnehmen. Als ich einmal zu dick war und mich endlich zum Abnehmen aufraffen wollte, war ich leider so naiv, anderen von meinen guten Vorsätzen zu erzählen. Sofort erhoben sich kritische Stimmen, die mich vor Jo-Jo-Effekt, ungesunder Mangelernährung und nutzlosen Fastenkuren warnten. Fast niemand sagte: »Tolle Idee! Nimm zehn Kilo ab, das schaffst du bestimmt!«

Ich habe trotz der Nörgler stur meine Kur gemacht, zehn Kilo abgenommen und seither mein Gewicht gehalten. Also bitte, es geht! Viele von denen, die mir einreden wollten, es sei unmöglich, fragen mich heute: »Wie hast du das gemacht?« Eines habe ich auf jeden Fall gelernt: Wenn man das eigene Leben ändern will, sollte man sich dreimal überlegen, mit wem man darüber spricht. Man hat doch zu Beginn mit eigenen Zweifeln genug zu tun, da braucht man wirklich nicht auch noch die rabenschwarzen Bemerkungen der Nörgler!

Inzwischen habe ich vielen Freundinnen, Kolleginnen, Freunden, Kollegen und Coaching-Clienten verraten, wie man durch intelligentes Geldmanagement auch bei kleinem Einkommen eine solide finanzielle Basis aufbauen und tolle Ziele erreichen kann. Eines beobachte ich immer wieder: Diejenigen, die die Sache mutig anpacken und sich weder von eigenen »Aber-Teufeln« noch von negativen Bemerkungen anderer einschüchtern lassen, sind erfolgreicher, kommen auch bei unvermeidlichen Niederlagen schneller wieder auf die Beine und wagen einen neuen Anlauf. Diejenigen, die sich erst nicht trauen oder sich von finsteren Sprüchen einschüchtern lassen, brauchen länger. Aber eines kommt bei allen, die schließlich durchhalten, immer heraus: Sie werden bei den ersten sichtbaren Erfolgen bewundernd und nicht selten auch ein wenig neidisch gefragt: »Wie machst du das bloß?«

Planen Sie schriftlich

Sie sollten unbedingt – zumindest am Anfang – die verschiedenen Formulare nutzen. Das mag Ihnen vielleicht zunächst etwas bürokratisch vorkommen, hilft Ihnen jedoch, bei der Stange zu bleiben. Erst, wenn Sie Ihr neues Geldmanagement sicher im Griff haben, sollten Sie bewusst entscheiden, bei welchem Formular Sie auf Dauer bleiben wollen und auf welches Sie verzichten können.

Die schriftliche Planung hat drei Vorteile:

1. Zwang zum Konkreten
Wenn Sie ein Thema nur in Gedanken behandeln, wird es nie so konkret, als wenn Sie es schriftlich formulieren. In Gedanken sagen Sie sich zum Beispiel, dass Sie auch mal ein Sparpolster anlegen, eine Wohnung kaufen oder Ihre Schulden abbauen wollen. Wenn Sie die Sache schriftlich angehen, schreiben Sie konkreter auf, wie groß das Sparpolster werden soll, wann Sie die eigene Wohnung beziehen und bis wann Sie die Schulden vom Hals haben wollen.

Außerdem behalten Sie durch die schriftliche Planung leichter den Überblick. Sie mogeln sich nicht mehr einfach mit Ihren Geldausgaben durch. Sie verdrängen nicht so schnell die Tatsache, dass Sie schon wieder zu viel für ein überflüssiges T-Shirt ausgegeben haben. Sie notieren Ihre Ausgaben, haben vor Augen, wo das Geld bleibt, und denken energischer darüber nach, wie Sie beim nächsten Einkauf überflüssige Ausgaben vermeiden können.

2. Verbindlichkeit

Wir haben leider viel zu oft flüchtige Wunschgedanken. Durch das Aufschreiben wird die Sache daher für Sie verbindlicher. Sie schließen gleichsam mit sich selbst einen Vertrag. Sie fühlen sich viel mehr an Ihre guten Vorsätze gebunden, wenn Sie sie durch schriftliche Planung und schriftliche Kontrollen fixieren.

3. Motivation

Durch die schriftlichen Unterlagen und durch die Dokumentation von Ausgaben und Ersparnissen spornen Sie sich selbst an. Sie wollen, dass Ihre Zahlen immer »besser« werden. Sie freuen sich daran, wenn Sie nach einiger Zeit sehen, dass die Zahlen sich trotz einiger Niederlagen und Ausreißer letztlich in die richtige Richtung bewegen. Sie können auch tatsächlich nach Ausrutschern schneller wieder zum geplanten Verhalten zurückkommen, weil in der Dokumentation abzulesen ist, dass sich Ihr Geldmanagement insgesamt in die richtige Richtung bewegt.

Auch in diesem Zusammenhang können Sie den Vergleich zum Abnehmen ziehen. Da macht es ja auch mehr Spaß, wenn man nicht einfach nur das Essverhalten optimiert, sondern lustvoll aufschreibt, wie sich von Tag zu Tag das Gewicht in Richtung Zielgewicht verändert. Erfolge beflügeln, und Misserfolge sind so ärgerlich, dass man gleich die Anstrengung verstärkt, am nächsten Tag eine bessere Zahl auf der Waage zu sehen. Auch wenn man mal an einem Partywochenende einen Rückschritt hinnehmen muss, die Tendenz lässt sich an den langfristig geführten Gewichtsprotokollen gut ablesen. Das motiviert!

Gönnen Sie sich demnach auch beim neuen Geldmanagement die Lust, an den Zahlen ablesen zu können, wie es immer besser wird. Erfreuen Sie sich, nach einiger Zeit die stetige Entwicklung des Sparpolsters oder den Abbau der Schulden zu erkennen. Nichts motiviert so sehr wie der Erfolg. Den sollten Sie dann auch schriftlich dokumentieren!

Um Ihnen die schriftliche Planung und die Kontrolle zu erleichtern, sollen hier noch einmal die bereits im Text vorgestellten Formulare angefügt werden. Am besten kopieren und vergrößern Sie sie und legen gleich los mit Ihrem neuen Geldmanagement!

Formulare

Budgets für Ihre Geldplanung

Bitte verplanen Sie ab sofort Ihr Geld immer bezogen auf die fünf Dimensionen des Geldmanagements mit jeweils eigenem Budget. Sie tragen damit der Tatsache Rechnung, dass sich Ihr Leben ja auch aus verschiedenen Bereichen mit jeweils eigenen Zielen zusammensetzt.

Monat:		Einkommen:
Abzüge vom Netto (Miete, Versicherungen etc.):		Verfügbar (Einkommen minus Abzüge):
Dimension	Summe	Kontrolle am Monatsende
1. Schulden		
2. Lebensunterhalt		
3. Sparen		

4. Ziele		
5. Luxus		

Budget für Ihre Geldplanung

Ihre Ziele zu den 5 Dimensionen des Geldmanagements

Sobald Sie sich weitgehende Klarheit darüber verschafft haben, was Sie mit Ihrem neuen Geldmanagement erreichen wollen, sollten Sie zu jeder der fünf Dimensionen Ihre Ziele formulieren. Betrachten Sie die schriftliche Fixierung einerseits als verbindliches Versprechen an sich selbst: »Das strebe ich ab sofort engagiert an!« Auf der anderen Seite bleiben Sie bitte auch so offen, eventuell Ihre Ziele nach einiger Zeit doch noch einmal zu ändern. Manches ergibt sich ja erst nach einigen Erfahrungen mit dem optimierten Geldmanagement.

Ihre Ziele sollten so anspruchsvoll sein, dass Sie sich dafür anstrengen müssen. Sie sollten jedoch auch so realistisch bleiben, dass Sie sie erreichen können. Nur dann wirken sie motivierend.

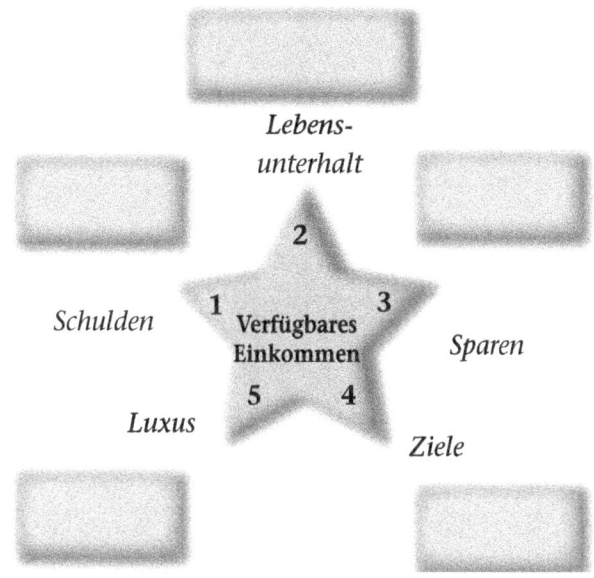

Ausgabenspiegel

Besonders bei den kleinen Ausgaben des tägliches Lebens kann man leicht den Überblick verlieren. Bitte nutzen Sie deshalb zumindest in der ersten Zeit der Umstellung vom bisherigen zum neuen Geldverhalten dieses Formular. Sie behalten damit leichter die Übersicht, wo Ihr Geld eigentlich bleibt und wo Sie bisher eventuell manche Ausgaben auch unterschätzt haben.

Ausgabenspiegel für Lebensunterhalt und Luxus					
Monat:	Budget Lebensunterhalt:			Budget Luxus:	
Datum	Artikel/ Ausgabe	Betrag	Zah- lungs- weise	Dimen- sion	Zwischen- summe

Ausgabenspiegel

Rückfälle auf dem Weg zum Erfolg

Versteifen Sie sich erst gar nicht darauf, auf Anhieb alles richtig zu machen. Gehen Sie auch nicht davon aus, dass Sie sich ab sofort immer fest im Griff haben und gegen alle ungeplanten Ausgaben gewappnet sind. Niemand kann mal eben sein bisheriges Verhalten umstellen. Führen Sie sich lieber vor Augen, dass es unweigerlich auch auf Ihrem Weg zum Erfolg einige Rückfälle geben wird. Beschönigen Sie dann nichts, aber versinken Sie bitte auch nicht in Selbstzweifel. Packen Sie den Stier bei den Hörnern. Pflegen Sie eine Liste der Rückfälle und beobachten Sie lustvoll, wie im Laufe der Zeit die Rückfälle weniger werden. Auch das ist ein wichtiger Erfolg!

Datum	Beschreibung des Rückfalls	Erfahrungen	Zeitraum seit dem vorigen Rückfall

Rückfälle auf dem Weg zum Erfolg

Abbau der Schulden

Motivieren Sie sich, indem Sie Meilensteine auf dem Weg zum schuldenfreien Leben schriftlich dokumentieren. Auch wenn die Fortschritte nur winzig sind: Jeder Euro raus aus dem Minus zählt!

Schulden:			
Datum	**Stand**	**Tilgung**	**Rest-Schulden**

Abbau der Schulen

Aufbau eines Sparpolsters

Auch beim Aufbau eines Sparpolsters zählt jeder einzelne Euro. Mit jedem noch so kleinen Betrag, den Sie beiseitelegen, wächst Ihre innere Ruhe, für eventuelle Notfälle gewappnet zu sein. Außerdem macht es Spaß, Geld zu besitzen, das man im Moment nicht braucht. Damit fängt schließlich der Wohlstand an! Schreiben Sie regelmäßig auf, was Sie diesbezüglich schon erreicht haben!

Sparen:		
Datum	Sparbetrag	Stand auf dem Sparkonto

Aufbau eines Sparpolsters

Kapital für ein Ziel aufbauen

Sie haben ein Ziel vor Augen. Dafür sparen Sie und bringen Opfer. Motivieren Sie sich selbst dadurch, dass Sie jeden Schritt in Richtung Ziel dokumentieren. Vor allem dieses Formular sollten Sie mit Sorgfalt pflegen und vielleicht sogar über dem Bett aufhängen. Freuen Sie sich schon jetzt auf den Tag, an dem Sie endlich das tun können, wofür Sie sparen! Geben Sie Ihren Träumen vom Ziel durch dieses Formular täglich neuen Auftrieb.

Ziel:			
Datum	Kapitalstand	Aufbaurate	Neuer Stand

Kapital für ein neues Ziel aufbauen

Werden Sie Wohlstandsprofi

Wenn Sie mit Ihrem neuen Geldmanagement so gut klarkommen, dass Sie Ihre Ausgaben sicher im Griff haben und Sie sich Ihren Zielen nähern, dann sollten Sie noch einen Schritt weitergehen. Werden Sie Profi in Finanzdingen. Ganz egal, ob Sie jemals Aktien kaufen wollen oder nicht, sorgen Sie dafür, dass Ihnen der Wirtschaftsteil der Zeitung kein Geheimnis mehr bleibt. Wenn Sie sich bisher noch gar nicht damit befasst haben, wirkt das Ganze vielleicht abschreckend oder wie eine Geheimwissenschaft. Vor allem Frauen lassen sich leider viel zu oft entmutigen und denken: »Das kapiere ich nie!« Falsch gedacht. Es ist heute allgemein anerkannte Tatsache, dass Frauen im Aktiengeschäft erfolgreicher sind als Männer. Wenn Männer den Wirtschaftsteil der Zeitung lesen können, dann können Frauen das sogar besser! Sie müssen sich halt nur mal dazu aufraffen.

PRAXIS-TIPP

❏ Besorgen Sie sich einfach eines der neuen Büchlein zum Thema »Aktien für Einsteiger«. Hierzu gibt es heute sehr viele Publikationen. Achten Sie schon bei der Auswahl im Buchladen darauf, dass Ihnen spontan der Schreibstil des Autors gefällt. Verlassen Sie sich nicht darauf, dass eine Frau automatisch einen Schreibstil hat, der Ihnen besser liegt. Es gibt tolle Bücher von Männern, die unterhaltsam und anschaulich erklären, was sich an der Börse tut. Lesen Sie ein solches Buch ohne den Stress, es anwenden zu müssen, einfach mal durch. Wenn es Ihnen Spaß macht, können Sie auch im Internet an Börsenspielen teilnehmen. Wenn das Thema Sie packt, nehmen Sie einen Teil Ihres Sparpolsters, und kaufen Sie Aktien. Wenn Sie dazu keine Lust haben, lassen Sie es bleiben. Aber wissen, was sich an der Börse tut, das sollten Sie. Besonders, wenn Sie Geld übrig haben und Wohlstandsprofi werden wollen!

Machen Sie sich unbedingt auch schlau zum Thema Alterssicherung. Kaufen Sie sich bitte auch hier zunächst einmal einen der neuen Ratgeber im Buchhandel oder bei Verbraucherzentralen. Lassen Sie keinen Finanzberater an sich heran! Es gibt keine neutralen Finanzberater, die von allen am Markt angebotenen Modellen der Alterssicherung das für Sie günstigste heraussuchen. Sie verdienen alle ihr Geld mit Abschlussprämien. Dabei bekommen sie für verschiedene Produkte die unterschiedlichsten Prämien. Natürlich verkaufen die Ihnen dann das, womit sie selbst am meisten verdienen.

Als Normalbürgerin oder -bürger mit ganz normalem Einkommen brauchen Sie keinen Finanzberater. Das mag etwas für plötzlich reich gewordene Künstler sein oder für Millionäre, die es sich leisten können, den Service eines professionellen Finanzmanagers zu zahlen. Verlassen Sie sich lieber auf Ihren gesunden Menschenverstand, und lesen Sie einen der neuen Ratgeber, die es inzwischen endlich zahlreich zu kaufen gibt.

PRAXIS-TIPP

❏ Vereinbaren Sie doch einmal einen ausführlichen Termin mit einem Kundenberater Ihrer Bank oder Sparkasse. Diese Fachleute sind heute rhetorisch so gut geschult, dass sie Ihnen in klarer Laiensprache das erklären können, was zum Bankwissen für Normalbürger gehört. Wenn Sie inhaltlich nicht mitkommen, wechseln Sie bitte den Kundenberater. Dann haben Sie einen erwischt, der besser im Innendienst arbeiten sollte, wo er sich mit Fachkollegen austauschen kann. Sorgen Sie dafür, dass Sie das sichere Gefühl haben: »Ich habe es begriffen und kann nun eine vernünftige Entscheidung treffen.« Vergessen Sie aber auch hier nicht, dass auch die Banken und Sparkassen ihren Angestellten Prämien zahlen. Demnach ist auch deren Beratung nicht ganz unabhängig und nicht nur zu Ihrem Besten.

Sprechen Sie mit Freunden und Kollegen über die Themen Geldanlage, Investitionen, Finanzierungen und Kredite. Hören Sie gut zu, wenn andere von ihren Erfahrungen berichten. Fragen Sie nach, wieso Ihre Freunde oder Kollegen bestimmte Entscheidungen getroffen haben und wie zufrieden sie anschließend damit waren.

Wie gesagt, Sie brauchen gar nicht die Absicht zu haben, jemals großartige Geldtransaktionen zu tätigen. Sie sollten jedoch für Ihre eigene geistige Souveränität eine gewisse Professionalität zu diesem Thema entwickeln. Das macht Sie zumindest fit für intelligenten Small Talk und immun gegenüber raffinierten Schurken oder Schmeichlern, die Ihnen Ihr Geld abschwatzen wollen. Souveränität in Wirtschaftsfragen hilft Ihnen beim Management Ihres Einkommens und beim intelligenten Aufbau Ihres Wohlstands. Probieren Sie es aus!

Register

Effektive Wege aus der Schuldenfalle

Praxisnah und nachvollziehbar: einfache Ratschläge, die wirklich helfen.

Unternehmensberaterin Hedwig Kellner zeigt, wie man Ordnung in seine Finanzen bringen und den Schuldenberg überwinden kann.

In ihrem Ratgeber stellt sie eine Entschuldungsstrategie in fünf Schritten vor, die den Weg weist in ein unbeschwertes, schuldenfreies Leben.

Mit einfachen Anleitungen zur Budgetberechnung, bewährten Tipps zum Geldmanagement und Selbsttests, die den persönlichen Kaufmotiven auf die Spur kommen.

Hedwig Kellner
Endlich schuldenfrei!
152 Seiten, ISBN 978-3-485-01192-1

nymphenburger www.nymphenburger-verlag.de

Um die ganze Welt des
GOLDMANN Verlages
kennenzulernen, besuchen Sie uns doch
im Internet unter:

www.goldmann-verlag.de

Dort können Sie
nach weiteren interessanten Büchern *stöbern*,
Näheres über unsere *Autoren* erfahren,
in *Leseproben* blättern, alle *Termine* zu Lesungen und
Events finden und den *Newsletter* mit interessanten
Neuigkeiten, Gewinnspielen etc. abonnieren.

Ein *Gesamtverzeichnis* aller Goldmann Bücher finden
Sie dort ebenfalls.

Sehen Sie sich auch unsere *Videos* auf YouTube an und
werden Sie ein *Facebook*-Fan des Goldmann Verlags!

www.goldmann-verlag.de
www.facebook.com/goldmannverlag

 GOLDMANN
Lesen erleben